JN315892

ハイデガーとマクルーハン

合庭惇

せりか書房

技術とメディアへの問い

ハイデガーとマクルーハン　目次

ハイデガーとマクルーハン――技術とメディアへの問い

はじめに

ハイデガーとマクルーハンという組合せは奇妙に思われるかもしれない。マルティン・ハイデガー（一八八九―一九七六年）は二〇世紀最大の哲学者であり、マーシャル・マクルーハン（一九一一―八〇年）は現代メディア論の教祖的存在として知られているが、それぞれ活躍した時代も分野も言語圏も異なっていて、とてもこの二人に接点があるようには思えない。だが、マクルーハンの主著『グーテンベルクの銀河系――活字人間の形成』（一九六二年）でわずかながら言及されたハイデガーに対する評価を手がかりにして両者の技術論とメディア論とをそれぞれ探ってみると、思いがけない近さ、そして決定的な差異性を見出すことになる。

この両者の近さと遠さ、親近性と差異性とを明らかにしてみようというのが本書の狙いであるが、二部構成からなる第Ⅰ部「ハイデガーとマクルーハン」では、マクルーハンによるハイデガーへの言及を取り上げながら彼のメディア論の概略を明らかにし、ついで「言葉は存在の家である」という言説で知られているハイデガーの言語観に触れる。結論的に言うならば、古代ギリシアの哲学者プラトンの時代における「非文字社会から文字社会へ」という遷移についての評価に親近性を見出すことができると思われる。

このことを確認した上でマクルーハンのメディア論との絡みで、ハイデガーがメディア技術についてどのように評価していたかを検証してみるのが次の課題である。ハイデガーは折に触れて現代メディアについての率直な印象を述べていたが、さらには近代科学技術についても深い洞察を重ねてきた。よく知られているように、彼が近代科学技術に対して与えたキーワードは「ゲシュテル」（Gestell, Ge-stell）である。この「ゲシュテル」というドイツ語については、多くの異なった訳語が日本の研究者によって与えられているために、本書では便宜的にカタカナ表記のままで使用している。

この「ゲシュテル」という語について、『ハイデガーの技術論』（理想社、二〇〇三年）というすぐれた編著を著した加藤尚武は次のように述べている。彼は「立て組」（小島威彦）、「総かり立て体制」（森一郎）などの先行訳を評価しながらも、敢えて「ゲシュテル」を「徴発性」と訳しているが、その理由として「私が選んだ「徴発」という言葉は、昔の軍隊時代を経験した人ならばよく分かるはずである。中国の村落に侵出した部隊の兵士が「これから徴発に行く」と言ったら、一般の住民の家に銃を構えて乗り込んで、食料を略奪してくることであるが、しかし、この略奪はタテマエ上は「購入」であって、兵士は日本軍の発行した「軍票」という紙幣を「対価」として置いてくる。駆り立てて有用物を徴集してくるという意味で「徴発性」という言葉を考えた。ハイデガー自身、「兵士の召集」とか「軍事物資の調達」とかいう日常語と一番近い意味で、このゲシュテル（Gestell）という言葉を使っていると説明している（同書、三二一―三二三頁）。

ハイデガーは、近代科学技術に対して「徴発」という訳語を日本の哲学者に選ばせるまでの一種の暴力性を嗅ぎ取っていたのであるが、後に述べるようにマクルーハンのメディア論（技術論）との差異性はここに見出すことになるであろう。「ゲシュテル」については、本書第Ⅰ部の「近代科学技術とゲシュテル」ならびに第Ⅱ部「ハイデガー「技術への問い」を読む」でさらに立ち入って検討した。

続く「マクルーハンとハイデガー」は、コンピュータとインターネットによってもたらされた現代の情報社会にハイデガーとマクルーハンを投じてみようという試みである。いったん忘れられかけたマクルーハンのメディア論が、コンピュータとインターネットに熱狂する若い世代によって再び脚光を浴びることになったことは記憶に新しいが、改めてその内実を再検討しながら、ハイデガーとコンピュータについても考えてみたものである。

後半の第Ⅱ部「ハイデガー「技術への問い」を読む」は、さきにも触れたようにハイデガー技術論の読解を試みたものである。ハイデガーは技術論を中心に据えた講演をいくつか行っているが、ここでは一九五五年のバイエルン美術アカデミーでの講演「技術への問い」を取り上げてみた。先行訳や関連講演を参照しながら新たに訳文を作成・引用して註解を試みたものであるが、いわば第Ⅰ部「ハイデガーとマクルーハン」の補注的役割をもっている。しかし読みようによっては、第Ⅰ部はあくまでも第Ⅱ部への私的序説であると考えることができる。

以上が、本書の狙いと構成である。ハイデガーとマクルーハンが活躍した時代には、パーソナルコンピュータは未だ存在せず、インターネットに至っては予想さえされていなかったと言っても過言ではない。しかし、コンピュータとインターネットに代表される情報通信技術の発達によって、情報社会という人類がこれまでに経験したことのないまったく新しい社会的現実が目前に存在する今日にあって、ハイデガーとマクルーハンを再び呼び出すことになにかの意味があるのだろうか。両者ともに哲学史や思想史の記憶のなかに埋もれてしまっているのだろうか。

そうではなく、本書で描いてみたように、ハイデガーもマクルーハンも情報社会的現実という未来を見据えた洞察を正確に行っていたと評価することができる。しかし、その未来に対する視線はそれぞれ別の方向に向けられていたと判断せざるをえない。この両者が未来に向けて放った問いを改めてそれぞれに受けとめること、それが現代の情報社会に生きる私たちの課題ではないだろうか。

I　ハイデガーとマクルーハン

1　ハイデガーは電子時代の波乗り遊戯を……

マーシャル・マクルーハン『グーテンベルクの銀河系——活字人間の形成』に「ハイデッガーは、デカルトが機械主義の波乗り遊戯《サーフィン》を楽しんだように、電子時代の波乗り遊戯を楽しむ」（Heidegger surf-boards along on the electronic wave as triumphantly as Descartes rode the mechanical wave.）という奇妙なタイトルをもつ章がある。もっとも本書は、「人間は剥奪されることで役割の世界から職業の世界へと移行した。この人間の剥奪過程の実地教材（working model）が『リア王』だ」で始まり、ついで「第三次元の苦悩は、『リア王』のなかに詩の歴史における最初の言語表現をもつこととなった」そして「表音文字技術が精神構造として内化されたとき、人間は聴覚中心の呪術的世界から、中立的な視覚世界へと移った」と続くように、読者の意表をつくようなタイトルに満ち溢れているので、ハイデガーがサーフィンをしても驚くには値しないかも知れない。しかし、シュヴァルツヴァルトの森の奥深くで思索に耽っていたあのハイデガーがサーフィンに興じるとは。いったいマクルーハンはなにを考えて、このようなタイトルを選び取ったのだろうか。これから彼の意図を読み解いてみたい。まずは、本文を読んでみよう。

「グーテンベルクが視覚の孤立化によって演出したいわば精神の舞踏は、ユークリッド空間を「先験的」であるとしたカントの前提と同じほど哲学的である。たしかにアルファベットやそれに類するからくりは、人間が無意識のうちに受け容れる哲学的前提や宗教的前提を作り出す泉として長い間役立ってきた。それに対して、マルティン・ハイデッガーは言語を哲学の資料《データ》として使用するに当って、言語の全域を使うという点で、たしかにより有利な立場に立っていたように思える。少くとも〔将来の〕非文字型時代においては、すべての感覚の間に比率均衡が保たれることになろうから。だがこれだけでは文字廃止には繋らない。活字利用の実体だけで文字使用への反証とはならないように。事実ハイデッガーは、言語や哲学に対して彼が保持していた非文字社会的傾向が世に広がるために、電子技術が果たしていた役割に気付いていないように見える。ハイデッガーのまことに卓れた言語哲学へのひとびとの熱狂は、われわれが電子的環境がもたらす有機論的形而上学へまことにナイーヴにすっぽりと浸りきったところから発したのだろう。もしデカルトの械械論が今日貧弱に見えたとしても、その時代には今日貧弱に見えるのと同じ潜在意識的理由から燦然と輝いてみえた、と考えるべきである。」(1)

『グーテンベルクの銀河系』からこの部分だけを抜き書きすると、マクルーハン理論に馴染みのない人々にはなんとも理解しがたい文章であろうし、なぜここでハイデガーが登場してくるのかという理由も判然としない。だが、この文章を読み解いてみると、それなりの必然性あるいは両者に共通する問題意識を見出すことができそうである。まずは、引用した右の文章を改めて読み直す前にマクルーハンの業績について簡単に触れておこう。

現代メディア論に新しい風を吹き込んだマーシャル・マクルーハン（Marshall McLuhan, 1911-1980）はカナダの英文学者。カナダのマニトバ大学で修士課程を修了した後に、ケンブリッジ大学に留学して博士号を取得。研究のテーマは、エリザベス朝期の風刺パンフレット作家トマス・ナッシュであった。ケンブリッジで学業を終えてから米国のいくつかの大学でイギリス文学を講じた後に、トロント大学教授に就任してカナダに帰国した。彼の学問的関心は広く、ルネサンス期の文学から現代にまで及んでいたという。代表的著作として、『機械の花嫁』（*The Mechanical Bride: Folklore of Industrial Man*, 1951）、『グーテンベルクの銀河系――活字人間の形成』（*The Gutenberg Galaxy: The Making of Typographic Man*, 1962）、『メディア論』（*Understanding Media: The Extensions of Man*, 1964）が知られているが、これらの著作の背景には、中世イギリス文学のみならずT・S・エリオット、エズラ・パウンド、ジェイムズ・ジョイスなどの現代作家・詩人についての深い見識があると評価されている。(2)

マクルーハンを読書界に知らしめた『機械の花嫁』では、新聞記事、広告、世論調査、マンガ、映画などを素材にアメリカの大衆文化・マスメディアの社会的機能を分析し、写真と広告がもたらした女性の等質化を指摘することで、広告とアミューズメントが人間の心理を長期的にコントロールしていることを示した。代表作『グーテンベルクの銀河系――活字人間の形成』は、主題・副題にはっきりと掲げられているように、活版印刷の創始者ヨハンネス・グーテンベルクが産み出した活字文化が、人間の視覚の比率を高める直線的・連続的・遠近法的な認識をもたらし、さらには手工芸的な印刷技術が機械テクノロジーと結びつくことによって一層強化され、その結果として近代的な活字人間が形成されるに至ったことを主張するものである。『グーテンベルクの銀河系』の続編ともいうべき『メディア論』は、「メディアはメッセージである」「熱いメディアと冷たいメディア」「印刷されたことば――ナショナリズムの設計者」など、後にメディアについて語る人々を魅了した数々のアイデアの宝庫としても知られている。

一方、マクルーハンが取り上げているマルティン・ハイデガー（Martin Heidegger, 1889-1976）は改めて紹介するまでもなく、二〇世紀を代表する哲学者のひとりである。フライブルク大学で現象学の創始者E・フッサールに学び、彼の影響下に『存在と時間』を執筆して哲学者としての名声を得た。マールブルク大学に転出するも再びフライブルク大学に戻り、一九三三年にはナチ政権下でフライブルク大学総長に就任。一年後には総長職を辞め、思索と執筆活動に専念した。代表作に『存在と時間』に加えて『カントと形而上学の問題』『森の道（杣径）』『ニーチェ』『同一性と差異』『言葉への途上』などがあるが、その死の直前から刊行が開始された「ハイデガー全集」には、『哲学への寄与論稿』をはじめとする生前未刊であった論稿に加えて講義録など重要著作が収録されている。ハイデガーのナチ党への協力という経歴についてはさまざまな議論が重ねられてきたが、その思索の深さということでは、やはり二〇世紀最大の哲学者のひとりであろう。

視覚の孤立化

さきの引用の冒頭にある「グーテンベルクが視覚の孤立化によって演出したいわば精神の舞踏」(This kind of ballet of mind choreographed by Gutenberg by means of the isolated visual sense)は、まさに『グーテンベルクの銀河系』の基調をなすもので、表音記号であるアルファベットの出現は人間の五感を司る感官の内から視覚に優位性を与えてきたが、特にグーテンベルクに帰せられる活版印刷という複製技術の発明が視覚を孤立化させるに至ったことを示している。

グーテンベルクによる「視覚の孤立化」(the isolated visual sense) については、『グーテンベルクの銀河系』の冒頭に以下のような記述を見出すことができる。

> 「活字」(movable types) を用いた印刷は思いもおよばぬ新環境を創り出した。それは「読書界」(public) を創造したのである。それまでの写本技術は国民的規模で「読書界」を生み出すのに必要な強烈な拡張力を欠いていた。われわれがここ数世紀の間、「国民」(nation) の名で呼んできたものはグーテンベルクの印刷技術が出現する以前に発生したこ

とはなかったし、また発生する可能性もなかったのである。そして、それと全く同じ理由から、地球上のすべての成員を巻き込んで呉越同舟の状態にしてしまう力をもつ電気回路技術が到来した今日以後、そうした旧来の「国民」は生きのびることはできないであろう。

印刷された文字によって創り出された「読書界」のユニークな性格として、個人および集団いずれの内部にも生じた、視覚志向にもとづく強烈な自己意識が挙げられよう。他の諸感覚から視覚機能だけを切り離し孤立させることで行われる強烈な視覚強調がどのような結果を生み出すことになったかを物語るのが本書の話題となる。また本書のテーマは、連続性、画一性、連結性といった視覚に特徴的な諸様式が、時間と空間の観念にも延長され適用されてしまう現象にある。他方、電気回路は視覚性に恵まれた印刷文字が行ったような規模では、とうてい視覚的諸様式の身体外部への延長に手を貸すことはできないのである。[3]」

他の感官を超えて視覚に与えられた優位性すなわち視覚の孤立化は、マクルーハンによれば「ユークリッド空間を「先験的」であるとしたカントの前提と同じほど哲学的である」という。原文では「先験的」は a priori（ア・プリオリ）であるが、確かにカントは『純粋理性批判』における「先験的原理論」の「空間概念の形而上学的解明」で、空間をア・プリオリに与えられたものと規定している。カントによれば、空間は「多くの外的経験から抽象されてできた経験的概念」ではなく、「ア・プリオリな必然的表象であって、この表象は一切の外的直観の根底に存する」もので、経験的直観ではないア・プリオリな直観が、空間に関する一切の概念の根底にあるのである。従って、例えば「三角形の二辺の和は他の一辺よりも大きい」という命題も、ア・プリオリな直観から必然的確実性をもって導かれたものということになる。カントの時代には未だ非ユークリッド幾何学は存在していなかったから、彼が前提としたのはユークリッド空間であるが、マクルーハンはカントに倣って「視覚の孤立化」に哲学的・原理的立場を与えたことになる。

だが、どのようにして活版印刷は視覚に優位性を与えたのだろうか。マクルーハンは続けて「アルファベットやそれに類するからくりは、人間が無意識のうちに受け容れる哲学的前提や宗教的前提を作り出す泉として長い間役立ってきた」と述べているが、これは文字の発明・使用以来のことであってグーテンベルクがもたらした新局面のことではない。この文字の出現によるメディア革命の意義については、後に「現前の形而上学」との関連で改めて論じることとするが、因みに「アルファベットやそれに類するからくり」は原文では "the alphabet and kindred gimmicks" なので、「アルファベットとそれと近縁関係にある巧妙な仕掛けとしての言語体系」と理解すればよいと思われる。

ところで活版印刷がもたらしたという視覚の優位性について触れる前に、表音記号アルファベットによる視覚の孤立化について見ておこう。『グーテンベルクの銀河系』の冒頭近くに「表音文字技術が精神構造として内化されたとき、人間は聴覚中心の呪術的世界から、中立的な視覚世界へと移った」（The interiorization of the technology of the phonetic alphabet translates man from the magical world of the ear to the neutral visual world.）という章④があり、未開社会の人々に及ぼしたアルファベットの影響について考察されている。

マクルーハンは、文字を知らない未開社会の人々と西欧人一般とを対比させたJ・C・カロザーズの論文「文化、精神医学および記述文字」から、「西欧の子供たちは人生の早い時期から積み木を積み、錠に鍵をさしこんだり、蛇口をひねったりできるように教育される。つまり、幼年期の教育過程でさまざまな事項や事件が織りなす複雑な機構に接するために、いきおい時間的関係や空間的関係、さらには機械的な因果関係という視点からものを考えなければならなくなる。それに較べ、アフリカの子供たちはもっぱら話しことばに頼る教育を受けているのであり、こうした教育は西欧の教育と比較するとき高度な劇的な緊張や感情をはらむのだ」という文章を引用している。

つまり「西欧的環境のなかにいる子供は、均質な時間、均質で連続する空間という抽象的な時間空間、すなわち対象をはっきりと限定し、視覚化して提出する技術が作り出したものによって取り囲まれて」いて、このような均質な時間空間においては原因と結果とが連鎖的につながっているが、アフリカの子供たちは五感のなかで谺のように反響する話しことばが作り出す暗示的で呪術的な世界に住んでいるのである。[5] ここで言われている「対象をはっきりと限定し、視覚化して提出する技術」のひとつが「アルファベットとそれと近縁関係にある巧妙な仕掛けとしての言語体系」なのである。「田園地帯のアフリカ人たちは生涯のほとんどを音の世界で過ごしている。そして、聴き手にとって自分の生活と直接関係があるような重要な意味をいっぱい宿しているような世界が音の世界なのである。それに比して西欧人たちは、自分にとってはがいして無関係な視覚世界により多く住んでいる」とカロザーズは述べている。文字使用による視覚の孤立化については、プラトンの『国家』を取り上げることで改めて論じることにして、次に活版印刷によって加速された視覚の優位性に話を進めたい。

グーテンベルク銀河系の誕生

活版印刷がもたらした五感の変化については『グーテンベルクの銀河系』の至る所で語られているが、代表的な箇所を取り出してみる。「印刷による写本技術の機械化は、おそらくあらゆる手工芸の機械化のうちで最初のものであったろう。すなわち連続する運動を齣撮りすることで、フレームのなかのひと続きの静的な画面として翻訳する最初の試みであったろう。そもそも活版印刷には映画とたいへん似ているところがあるのである。活字読みは読者を映写機の視座に置く。読者は眼の前にある印刷された文字を次から次へと、著者の精神の運動を読み取れる速度に合わせて追ってゆく。印刷本の読者はその著者に対して、写本の読者の場合とはまったく違った関係をもつ。活字面は次第に音読を無意味なものにし、読者は自分が著者の「掌中にある」という感じを抱くまで読みの速度を増してゆく[6]」のである。

グーテンベルクが一四五五年頃に完成させたと伝えられる活版印刷という複製技術（鋳造された活字を組版して版面を作成し、頁単位で印刷する）は、それまで人手によって一冊一冊書き写されていた書物（写本）の作成を大量生産へと導いた。グーテンベルクの時代にはまだ高価であった印刷本も、羊皮紙に代わる紙の大量生産、グーテンベルクのゴシック体よりも小ぶりの活字であるイタリック体の発明、それに伴う書物のサイズの小型化、また老眼鏡の発明などがあって、一五世紀末から一六世紀にかけて普及が著しく進むようになる。そして、一六世紀半ばのヨーロッパには書物の一大マーケットが出現することになるのである。(7)

この活版印刷が登場するまでの書物といえば、人手によって一冊一冊書き写されていた写本であった。写本は西欧では、キリスト教の修道院の修道士や修道院に働く写字生によって筆写され、装画家や彩飾家によって飾り立てられるなど手工芸品としての価値を付与されたために、高級聖職者や王侯貴族によって珍重されてきた。写本とくに彩飾写本は、文献としての価値をもつと同時に審美的な観点から愛好されてきたのである。

このような写本の時代には、読書といえば音読を意味していた。例えば修道院では、典礼や食事の際に聖書や祈祷書が音読によって読み上げられる。あるいは、修道院の写字室においては、写字生によって書き写されるべきテクストが音読されながら筆写される。写字生たちが音読している写字室では、写字生がお互いコミュニケーションを取り合うために指を使う独特のサインが考案されていたことが知られている。しかし、書物＝印刷本が大量に普及するとともに読書はきわめて個人的な行為となり、あたかも楽譜を読み上げるかのように音読する習慣はだんだんと姿を消していく。音読に代わって黙読が通常のこととなり、ここから人間的思考の内省化が始まるとされているのである。(8)

『グーテンベルクの銀河系』の「古代および中世においては、読書といえば音読に決まっていた」ならびに「写本文化は会話的であった。それは、〈公演による新作発表〉によって同座する作者と読者とが身体的に結びつけられていた、という一事からも明らかだ」の章（訳書一三〇―一三六頁）は、私たちにとって日常的な習慣になっている黙読がいかに例外的な事象であったかを示すものである。例えば、モーゼス・ハダス『古典文学への手引き』（Moses Hadas, *Ancilla to Classical Reading*, N.Y., 1954）から聖アウグスチヌスを論じた部分を紹介したくだりであるが、ハダスによれば「古代を通じ、またその後の時代もずっとひきつづいて、読者がひとりで本を読むときにも、詩であれ散文であれ、きまって音読されたものである。黙読が異例であったことは聖アウグスチヌスが『告白録』（第五巻、第三部）のなかでアンブロシウスの習慣をたいへんに注目すべきものとして挙げているのでもそれがわかろうというものだ。「だが彼が読むとき、彼の眼は頁のうえを滑り、彼の心は意味を探し出そうとする。しかし彼の声と舌は休止している。」この不思議な人物の読書風景を一目見ようと訪れる見学者すら出る始末だった」とある。(9)

表音記号アルファベットの使用から始まった視覚の孤立化の傾向は、活版印刷の誕生によって加速化される以前にも進行していたというのが「情報量の増大というただそれだけのことで、知識の視覚による組織化が刺戟され、活版印刷の発明以前に透視画法的視座が生れた」〈訳書一七三―一七七頁〉の章で、ここではルネサンス期における透視画法が及ぼした影響が論じられている。

こうした具体例を豊富に引きながら辿りついた結論が、「経験を連続体として線形に把握してゆく習慣の常習化」であり、「さらに重要な点として、印刷文化における視覚による経験の均質化が、聴覚をはじめとする五感が織りなす感覚複合を背後に押しやった」ことであり、「すべての経験を単一の感覚尺度に還元してしまう、もしくは歪めてしまうこのやり方は、傾向的にいって、活版印刷が人間の感覚のみならず芸術や科学にもおよぼす影響として規定できるのだ。かくて、印刷物の読者にとってはまったく自然なものである固定点、もしくは視点をすえる習慣のために、十五世紀にはいわば〈前衛的〉であった透視画法も、その後はごく一般的な態度として広く受け入れられるに至った」[10]のである。

言葉は存在の家である

以上、「グーテンベルクが視覚の孤立化によって演出したいわば精神の舞踏は、ユークリッド空間を「先験的」であるとしたカントの前提と同じほど哲学的である」に始まる冒頭の部分について触れてきたが、続く「マルティン・ハイデッガーは言語を哲学の資料《データ》として使用するに当って、言語の全域を使うという点で、たしかにより有利な立場に立っていたように思える」以下の文章について考えてみたい。改めて該当箇所を引用する。

「マルティン・ハイデッガーは言語を哲学の資料《データ》として使用するに当って、言語の全域を使うという点で、たしかにより有利な立場に立っていたように思える。少くとも〔将来の〕非文字型時代においては、すべての感覚の間に比率均衡が保たれることになろうから。だがこれだけでは文字廃止には繋らない。活字利用の実体だけで文字使用への反証とはならないように。事実ハイデッガーは、言語や哲学に対して彼が保持していた非文字社会的傾向が世に広がるために、電子技術が果たしていた役割に気付いていないように見える。ハイデッガーのまことに卓れた言語哲学へのひとびとの熱狂は、われわれが電子的環境がもたらす有機論的形而上学へまことにナイーヴにすっぽりと浸りきったところから発したのだろう。」

ハイデガーが「言語を哲学の資料《データ》として使用するに当って、言語の全域を使うという点で、たしかにより有利な立場に立っていた」とマクルーハンは述べているが、確かにハイデガー哲学の全体像はギリシア語、ラテン語から中高ドイツ語を経て現代ドイツ語までを射程に収めた言葉の再解釈から成り立っていると言っても過言ではない。なかでも、いわゆる「ヒューマニズム書簡」(Brief über den Humanismus)におけるハイデガーの発言「言葉は存在の家である」(Die Sprache ist das Haus des Seins.)は、彼の思索を端的に表現したものとして人口に膾炙してきた。

ところで、ハイデガーの思索の歩みは後にも触れるように、一九三五年頃を区切りとして大きく前期と後期とに分けることができる。それは、さきに触れたようにナチ政権下で就任したフライブルク大学総長を任期途中で辞任した時期と重なるのであるが、ハイデガーの哲学者としての名声を確立した『存在と時間』(一九二七年)を中心とする前期、そして一九三六年から三八年にかけて構想・執筆された『哲学への寄与論稿』を転機として、「ヒューマニズム書簡」(一九四七年)ならびに『森の道(杣径)』(一九五〇年)という表題のもとにまとめられた一九三五年から四六年までの講演以降の後期では思索内容がまったく異なり、そこにはいわゆる「転回」(Kehre)があったとされている。つまり、『存在と時間』で試みられた基礎的存在論（実存論的存在論）から後期のメタ存在論（存在の歴史の探究）ともいうべき立場への転回である。

要するに、『存在と時間』を中心とした前期における、「人間的現存在は、それ自身の本来的存在からいかに基礎づけられるのか」という問いから、「人間的本質としての現存在を生起させるまったく別の「存在」からの基礎づけとはどのようなものか」という問いへの転回である。それは例えば、実存する「現存在」と「存在」との関係、「現存在の投企」と「存在がもたらす被投性」との関係、実存論的「事実性」と存在が「現前する」事態との関係、「実存論的真理」と「存在の真理」との関係、基礎的存在論の意味の変化などに徴候が示されている。

この転回の先触れとしていち早く世に知られたのが「ヒューマニズム書簡」であるが、「言葉は存在の家である」という言葉はここで語られている。マクルーハンによって「まことに卓れた言語哲学」と賞賛されたハイデガーの言語観を知るためにも、まずは彼がパリのジャン・ボーフレ宛てに送った「ヒューマニズム書簡」を繙いてみよう。

この書簡の冒頭に「あらゆるものに先立って「存在している」ものは、存在である。思索というものは、その存在の、人間の本質に対する関わりを、実らせ達成するのである。思索は、この関わりを、作り出したり、惹き起こしたりするのではない。思索は、この関わりを、ただ、存在から思索自身へと委ねられた事柄として、存在に対して、捧げ提供するだけなのである。この差し出し提出する働きの大切な点は、思索において、存在が言葉となってくる、ということのうちに存している。言葉は、存在の家である。言葉による住まいのうちに、人間は住むのである。思索する者たちと詩作する者たちが、この住まいの番人たちである」[11]とある。

すべての存在者に先行して「存在」(Sein) というものがあり、存在者のひとつである人間が思索を通して存在と人間の本質との関わりを実らせ達成することができると、ハイデガーは言う。思索というものは、存在と人間本質との関わりを、存在から思索自身へと委ねられた事柄としてのみ、存在に対して捧げ提供するだけなのであり、この捧げ提供する働きの大切な点は、思索において、存在が言葉となってくることにある。つまり、「言葉は存在の家」なのである。そして、この人間が住まう言葉による住まいの番人たちとは、思索する者たちと詩作する者たちだけである。

ここには、ハイデガー哲学の真髄が見事に表現されている。『存在と時間』において「現存在」と名づけられた存在者としての人間存在とは、「他の存在者のあいだで出来するにすぎない一つの存在者ではない」のであって、「現存在が存在的に際立っているのは、むしろ、この存在者にはおのれの存在においてこの存在自身へとかかわりゆくということが問題であることによってなのである。だが、そうだとすれば、現存在のこうした存在機構には、現存在がおのれの存在においてこの存在へと態度をとる或る存在関係をもっているということ、このことが属している」のであり、現存在はおのれの存在においておのれを了解している。そして、その存在了解の内容はそれ自身現存在のひとつの存在規定性なのである。[12]なにものかによって世界に投げ入れられなんら存在根拠をもたない無の存在者である現存在が、存在に対して捧げ提供する思索によって存在が言葉となって生起するのである。

「ヒューマニズム書簡」でハイデガーはさらに述べる。「言語が存在へと原初的に帰属しているというこの関わりは、公共性というありさまで自分を呈示してきている主観性の支配のもとでは、隠されたままにとどまっている」と。「公共性というありさまで自分を呈示してきている主観性の支配」とは、広義にはプラトン以降の西欧形而上学、狭義には近代の意識哲学を指しており、「現前の形而上学」と名指されることもある哲学的立場である。しかし、「存在の真理が、思索にとって思索されるのに - 値するもの（denk-würdig）となったあかつきには、言葉の本質への省察も、これまでとは別の位階に達せざるをえないであろう。言葉への省察は、もはや、たんなる言語哲学であることはできない」[13]のである。マクルーハンによって「まことに卓れた言語哲学」と賞賛されたハイデガーの言語観であるが、彼自身の意識においては伝統的な言語哲学ははっきりと否定されていた。
マクルーハンがハイデガーの哲学を「まことに卓れた言語哲学」と評することによって、伝統的な言語哲学と訣別したハイデガーの意図を見届けていたのか否かについては、にわかには判断しがたいところであるが、かつてはハイデガー哲学が実存哲学あるいは人間存在論として理解されていたことを考慮するならば、マクルーハンのハイデガー理解が抜きんでたものであったと考えることもできるであろう。

さらにハイデガーは、言葉の荒廃について述べる。「あらゆるところで急激に蔓延しつつある言葉の荒廃は、言葉の使用のすべてにおいて、審美的かつ道徳的な責任感を蝕んでいるばかりではない。言葉の荒廃は、人間の本質が危険にさらされていることに由来している。たんに洗練された言葉づかいをしただけでは、私たちがこの本質の危険をすでに免れていることの証拠には」ならないとして、言葉の荒廃は「言葉が近代の主観性の形而上学（neuzeitliche Metaphysik der Subjektivität）の支配のもとでほとんどとどまることなくみずからの境域から転落してゆくという出来事の、根拠ではなく、むしろ、実はすでにその出来事からの一つの帰結」であると指摘する。言葉は、私たちに、みずからの本質、すなわち、「言葉は存在の真理の家である」というみずからの本質を拒み与えないのである。ここでは、存在の家と言われた言葉がさらに「存在の真理の家」であると強調されている。

この存在の思索と言葉との関わりはハイデガーの思索とともに深められて、ついには存在の守護との関係が述べられることになる。「人間が、存在の真理のなかへ入り込むべく、存在へと身を開き‐そこへと出で立ちながら（ek-sistierend）、存在へと帰属するかぎりにおいてのみ、存在そのもののほうから、人間にとって法律と規律とならざるをえないようなもろもろの指令の割り当てが、起こってくる」ことができるが、法律とか規律とここで言われているものは、人間が理性によって定めたものではなく、「存在から送り届けられた定めのうちに秘められている割り当て」という根源的なものである。この「割り当て」が人間を存在のなかへ定め置くことができ、さらには人間が存在の真理に到達してそこに居場所を得ることを可能にする。「このような居場所が初めて、支えとなりうる堅牢なものの経験を叶えてくれる」のであり、この支えは存在の真理によって贈られたものである。ところで、「支え」とはドイツ語では「守護」と同義であるから「存在は守護である」ことになる。この守護のおかげで人間は大切に守られて存在の真理へと向かうことになり、存在へと身を開き‐そこへと出で立つあり方は、言葉のうちに住まわされるのである。それ故、「言葉は、存在の家であると同時に、人間本質の住まいである」ことになるが、そこに住まうことのできない人間が存在から逸脱あるいは敵対して言葉の荒廃をもたらしているのである(14)。

非文字社会から文字社会へ

これまで「ヒューマニズム書簡」に即してハイデガーの思索における言語との関わりを見てきたが、彼の言語に対する取り組みは決してこれに尽きるものではなく、その全思索が言葉の再解釈と再構築であった。しかし、ハイデガーが「言語を哲学の資料《データ》として使用するに当って、言語の全域を使うという点で、たしかにより有利な立場に立っていた」とマクルーハンが述べた部分への注釈的言及はこれにとどめて先に進もう。

続く「〈将来の〉非文字型時代においては、すべての感覚の間に比率均衡が保たれることになろう」という言及は、既に触れた「視覚の孤立化」を想起すれば十分であろう。だが、さらに続く「ハイデッガーは、言語や哲学に対して彼が保持していた非文字社会的傾向」とある部分は慎重に読まねばならない。しかし、ハイデガーの思索のうちにこの問題を探る前に、マクルーハン自身が「〈将来の〉非文字型時代」あるいは「非文字社会的傾向」というものを、どのように捉えていたのか見ておく。

非文字（non-literate）社会とは、言うまでもなく文字使用を前提としていない社会である。マクルーハンは、この非文字社会と表音記号アルファベットを操作してコミュニケーションを行う社会とを、五感の果たす役割において区別している。つまり、聴覚を媒介してコミュニケーションを行っていた非文字社会では五感のバランスがとれていたが、文字使用の比率が高まるに従って視覚が他の感官に対して優位になって孤立化したのである。そして、視覚の孤立化をさらに加速する契機となったのがグーテンベルクがもたらした活版印刷術であったことは、既に見てきた通りである。

マクルーハンはさきにも引用したJ・C・カロザーズの主張によりながら語る。カロザーズによれば「表音文字使用が思考と行動とを分裂させる以前には、どのような人間であろうと、自分が考えたことに対しては、行ったことに責任を持つのと同じように責任を持たなければならず、それ以外の選択の道はありえなかったという。カロザーズの偉大な功績は、聴覚の呪術的世界と視覚の中立的な世界の分裂を指摘したのみならず、そうした分裂から出現した非部族化した個人を指摘した点にある。ギリシャ世界でわれわれははじめて文字社会の人間に出遭うわけだが、表音文字の発明以来すべての教養人がそうであるようにギリシャ人も分裂した人間、つまり、精神分裂病患者であった、というのが、カロザーズの主張から当然帰結するところなのだ。とはいえ、ただ文字を書くという行為だけでは表音文字がもたらす非部族化現象は生じない。音から意味を取り去り、つぎに音を視覚的なコードに移しかえるという二重の作業をともなう表音文字の発明があってはじめて、人間は自分たちを変質させる経験に取り組みはじめる」[15]のである。

ここでは、「ただ文字を書くという行為だけでは表音文字がもたらす非部族化現象は生じない。音から意味を取り去り、つぎに音を視覚的なコードに移しかえるという二重の作業をともなう表音文字の発明があってはじめて、人間は自分たちを変質させる経験に取り組みはじめる」という重要な指摘がなされている。こういう議論をしていると、私たちのように表意文字を使用している漢字文化圏では、この問題はどうなるかという疑問が当然のように生じてくるのであるが、マクルーハンは次のように断言する。「表音文字をおいていかなる種類の文字も、相互依存と相互関係を強要する丸抱え的部族的世界、つまり聴覚のネットワークから人間をつれだしたことはない」のであって、「話しことばの聴覚的空間が作り出す世界、そして瞬間的に相互関係が成り立つ呪術的な声が反響する世界から逃れて、非部族化された人間の自由と独立を手に入れる道はひとつしかない」という。一つの道とは、人々をたちどころに二元的精神分裂病（dualistic schizophrenia）にしてしまう表音文字である。

この聴覚型文化を表音アルファベットによって視覚型文化に移し換えたのはローマ人である。「ギリシャ人は古代、ビザンチン時代とを問わず、実際行動に価値を認めず、知識の現実世界への適用を拒むことで、彼等がまだ古い聴覚型の文化にかなり執心していることを示していた」ことを指摘した後に、ラテン散文の範とされたローマの哲人キケロがソクラテスを非難していることに注意を促す。「ソクラテス以前の時代はまだ主として非文字ことば文化のなかにあった。ソクラテスは話しことば社会と視覚・文字型文化との間の境界線上に立っていたのである。しかしソクラテス自身は文字を用いなかった。中世時代はプラトンをソクラテスの一介の書記、もしくは速記者以上のものとしてはみなさなかった」のである[16]。

話しことば社会のなかにあったクセノパネス、ヘラクレイトス、パルメニデスなどのソクラテス以前の哲学者たちと、プラトン、アリストテレスらの視覚・文字型文化の分水嶺にソクラテスは立つと言われるのであるが、その具体的状況とはいかなるものであったのだろうか。ここでマクルーハンからしばらく離れて、ホメロスに代表されるギリシアの詩的伝統に対するプラトンの攻撃を論じたエリック・ハヴロック『プラトン序説』に眼を転じよう。

ハヴロックによれば、ホメロス以前の時代にはギリシア文化の記録は口誦による記憶に頼られていたが、ホメロスからプラトンまでの間に情報蓄積の手法が口承から文字記録に変わりはじめ、それにつれて聴覚にかわって視覚が情報蓄積のために使われる主要な器官になったという。「ヘレニズム時代に入って、概念的思考がいわばなめらかにおこなわれるようになり、その語彙が多少とも規格化されるまでは、ギリシアでは、読み書き能力の完全な効果が現れてくることはなかった。この革命のただなかに生き、この革命を告知し、その予言者となったのが、プラトン[17]」なのである。

そのプラトンが『国家』において詩の本性の考察を行うとともに、ホメロスからエウリピデスまでのギリシアの主要な詩人たちは、ギリシアの教育制度から追放されなければならないという異常な主張を情熱をこめて行っているという。プラトンは、「詩の効果を「精神を不具にするもの」」(595b 5) と特徴づけることによって、この攻撃を始める。詩は、解毒剤を必要とするような一種の病である。この解毒剤は、「事物がほんとうのところなんであるか」についての認識からなるのでなければならない。要するに、詩とは精神を害する一種の毒であり、真理の敵なのである[18]」と述べる。ギリシア文学の精髄とされるホメロスやエウリピデスたちによる詩がなぜこのような攻撃の矢面に立たされるのだろうか。『国家』といえば、現代に至る政治哲学の原点であり、正義論や国家論が展開された重要な著作でありプラトン哲学の核心に位置するものである。このような著作の最終巻で、なぜギリシア文学の心臓部が攻撃されるのだろうか。

プラトンは詩の擁護者であるソフィストたちを攻撃しているのであって、ホメロスやエウリピデスたちを責めているわけではないという弁護論もあるが、それは的外れだとハヴロックは排除する。彼によれば、『国家』という著作は現代の私たちが理解しているような狭義の政治哲学が語られたものではなく、ギリシアの伝統そのものと、それが依拠する基盤とを、社会的・文化的な問題として提出したものである。そして、ギリシアの伝統にとって決定的な問題は教育の状況と質であり、その教育過程で重要な役割を果たしているのが詩と詩人たちなのである。

では、教育過程における詩と詩人たちの役割とはなにか。現代の私たちにとって詩とは、「霊感を刺激し、想像力をかきたてる」ものであるが、古代ギリシアでは「有益な認識の壮大な宝庫」であり、「有能な市民がその教養の核心として学ばねばならない倫理学と政治学と技術の一種のエンサイクロペディア」であった。「当時の詩は、われわれがその名で呼んでいるようなものではなく、今日であれば教科書や参考図書の書棚に含まれているような教養科目を表していた」[19]とハヴロックは言う。

プラトンが『国家』において述べているところでは、詩は一種の参考図書館か倫理学や政治学や戦争などに関する浩瀚な論文のように扱える教育的な道具であったし、市民教育において独占権をも有していたのである。そして、詩的な伝統のすべての記憶は、不断に繰り返される朗誦にもとづいており、書物を参照することも、書物にもとづいて記憶することもなかったのである。詩が一つの教育手段として存在し、効果をあげるのは、朗誦される場合だけであった。このような口誦の文化に特有な技術である記憶を可能にする心的機構は、プラトンの時代以降ヨーロッパでは失われてしまったが、プラトンが攻撃の標的としたのが、こうした教育方法と生活様式全体にあったとされる。つまり、経験を分析し理解するかわりに、経験を記憶のなかで生きなおすという方法が敵なのであった[20]。

ここでハヴロックは現代人に対して注意を促す。「われわれの仕事は、文芸批評にかかわるのではなく、ギリシア人が「哲学」と呼ぶあの抽象的な知的態度の起源にかかわる。われわれは、半・口誦的な伝統のなかでつくられた天才の作品が古代のギリシア語に親しむ現代の読者には高尚な喜びの源泉であっても、それがつくりあげ、表現しているものは、われわれの精神でもプラトンの精神でもないある総体的な精神状態であることを理解しなければならない。詩が君臨しているあいだは、詩そのものが効果的な散文の実現をはばむ主要な障害をなしていたのとまったく同様に、便宜的に「詩的」とか、「ホメロス的」とか、「口誦的」とか呼んでおきたい精神状態があって、これが、科学的合理主義を、つまり、分析の使用と、経験の分類と、因果系列への経験の再配列とをはばむ主要な障害をなしていた」のである。詩的な精神状態がプラトンにとって見逃すことのできない敵であり、彼は、経験を韻律形式で記憶するという当時の人々の習慣に挑戦したのである[21]。

さきに見たように、ソクラテスは話しことば社会と視覚・文字型文化の分水嶺に立っていたのであるが、プラトンに至って表音文字使用による視覚・文字型文化への移行がダイナミックに開始されたのである。

ところで、その主著『国家』の最終巻においてギリシア文学の心臓部に激しい一撃を加えたプラトンであるが、彼の著した対話篇のすべてが同じトーンで貫かれているかというとそうではない。『パイドロス』に残されたソクラテスの有名な言葉があるので、紹介しておきたい[22]。

ソクラテスは対話の相手であるパイドロスに、「さてそれでは、言葉というものについてどのような態度をとったり、あるいは語ったりすれば、最も神の意にかなうことになるか、君は知っているかね」と問う。訊ねられたパイドロスは、知らないと答える。それではと、ソクラテスが語り出す物語は次のようなものである――エジプトのナウクラティス地方にテウトという神が住んでいた。この神は、算術、幾何学、天文学などを発明したが、なかでも注目すべきは文字の発明であった。テウトは、エジプトを支配していた神であるタモスのところに赴き自分の発明の数々を披露したが、話が文字に及ぶとテウトはこう言った。「この文字というものを学べば、エジプト人たちの知恵はたかまり、もの覚えはよくなるでしょう。私の発見したのは、記憶と知恵の秘訣なのですから」。しかし、タモスが答えるには、人々がこの文字というものを学ぶと、記憶力の訓練がなおざりにされるため、その人たちの魂の中には、忘れっぽい性質が植えつけられる。彼らは、書いたものを信頼して、ものを思い出すのに、自分以外のものに彫りつけられたしるしによって外から思い出すようになり、自分で自分の力によって思い出さなくなる。あなたが発明したのは、記憶の秘訣ではなくて、想起の秘訣なのだ――。

以下、このエジプトの神々の話をめぐってソクラテスとパイドロスとの間で対話が続き、ソクラテスは次のようなことを述べる。言葉というものは、ひとたび書きものにされると、どんな言葉でも、それを理解する人々のところであろうと、まったく不適当な人々のところであろうとおかまいなしに、転々とめぐり歩く。一方、この書かれた言葉と兄弟の関係にあるが、正嫡の子であるもうひとつの種類の言葉、すなわち、「それを学ぶ人の魂の中に知識と

1　ハイデガーは電子時代の波乗り遊戯を……

ともに書きこまれる言葉、自分をまもるだけの力をもち、他方、語るべき人々には語り、黙すべき人々には口をつぐむすべを知っているような言葉」が、ものを知っている人が語る、生命をもち、魂をもった言葉である。

グローバルヴィレッジ

おそらくは、非常にながい時間をかけて進行したであろう非文字社会（声の文化）から文字社会（視覚の孤立化）の一断面を、ソクラテスとプラトンの例によって見てきた。ソクラテスを分水嶺とする歴史の切り方は、これから取り上げようとするハイデガーの技術論ともかかわりが深いと思われるからである。なお、非文字社会と文字社会については、ウォルター・オングが『声の文化と文字の文化』(23)において詳細な議論を展開しているが、ここでは『グーテンベルクの銀河系』におけるマクルーハンの記述を確認するに止めたい。

これまで述べてきたことは、「ハイデッガーは、言語や哲学に対して彼が保持していた非文字社会的傾向が世に広がるために、電子技術が果たしていた役割に気付いていないように見える」(Heidegger seems to be quite unaware of the role of electronic technology in promoting his own non-literate bias in language and philosophy）という記述との関わりで、マクルーハン自身が「非文字型時代」あるいは「非文字社会的傾向」を、どのように捉えているかというものであった。さらに確認すべきは、これまで見てきたソクラテスとプラトンらの古典古代の時代から離れて、マクルーハンが指摘する「非文字社会的傾向が世に広がるために、電子技術が果たしていた役割」についてである。

『グーテンベルクの銀河系』における世に知られたキーワードのひとつに、グローバルヴィレッジ（地球村）という言葉があるが、後の議論との関わりで簡単に触れておく。

マクルーハンは、「昨日の鉄道の発明、そして今日の自動車や航空機といった手段をとおして、各人の身体的影響のおよぶ範囲は以前には数マイルにかぎられていたものがいまでは何百哩どころかそれ以上にも及んでいるのである。それどころか、電磁波の発見によって代表される途方もない生物学上の事件のおかげで、各個人は海陸をとわず、地球のいかなる地点にも（能動的に、そして受動的に）みずからを同時存在させることができるようになった」というテイヤール・ド・シャルダンが『現象としての人間』で述べた言葉を引用しながら次のようなことを指摘する（引用文にある「電磁波の発見によって代表される途方もない生物学上の事件」は、宇宙の進化を生物学的に捉えるテイヤール・ド・シャルダン独自の思想にもとづく表現）。

テイヤール・ド・シャルダンは右の文章によって、増加した人類に地球の限られたスペースが加える圧力の結果として、人間的要素がお互いのなかにますます浸透し、あたかも自己拡張を行うかのように人間は少しずつ地球上に自分の影響力の半径を拡げていき、その反面、地球は着実に収縮していったことを示しているのであるが、マクルーハンはこの指摘を人間の五感の「外化」として捉える。そして、今日の電子技術の進化における外化こそ、テイヤール・ド・シャルダンが「精神圏」（noosphere）と呼ぶもの、あるいは、世界全体のために機能する技術的頭脳（technological brain）を創造するものであり、世界がそっくりコンピュータつまりは電子頭脳と化し、歴史的に長期にわたって存在した文字社会からの離脱が始まったと言うのである[24]。これが、世界をグローバルヴィレッジ（地球村）というイメージで捉えるマクルーハンの考え方である。

近年では、地球上をくまなく覆うテイヤール・ド・シャルダンの「精神圏」という発想を、ティム・バーナード・リーが開発したインターネット上のウェブ（蜘蛛の巣）と重ねて議論する人々も多いが、まさにイメージとしてはテイヤール・ド・シャルダン、マクルーハン、そしてティム・バーナード・リーの思考方法には共通点が見受けられるのである。ここには、インターネット時代のメディア論としてマクルーハンが再び注目されたひとつの要因を見出すことができるが、これについては改めて触れることにする。

なお、これまで取り上げてきた『グーテンベルクの銀河系』の文章には「ハイデッガーは、デカルトが機械主義の波乗り遊戯《サーフィン》を楽しんだように、電子時代の波乗り遊戯を楽しむ」というタイトルが与えられていたが、この「サーフィン」という言葉は「ピエール・ド・ラメおよびジョン・デューイは、グーテンベルク時代とマルコーニまたは電子時代という対立する文化の波を乗りこなした、ふたりの〈波乗り《サーフィン》〉教育家であった」という章のタイトルのなかでも使われている。マクルーハンが使ったサーフィンという言葉は、インターネット時代が到来すると、ネット上のさまざまなウェブページを次々と閲覧していく行為を指すネットサーフィン（net surfing）として甦ったことは記憶に新しい。

2　ハイデガーの技術論

メディア論の革新者マーシャル・マクルーハンは、ハイデガー哲学に対して「言語を哲学の資料《データ》として使用するに当って、言語の全域を使うという点で、たしかにより有利な立場に立っていたように思える」という評価を与え、プラトン以降、文字支配と印刷文化とによって西欧の形而上学を支えてきたロゴス中心主義的傾向が、新しい電子メディアの台頭によって揺るがされているにもかかわらず、有利な立場を保持していることを示唆した。だが、ハイデガーは「言語や哲学に対して彼が保持していた非文字社会的傾向が世に広がるために、電子技術が果たしていた役割に気付いていていないように見える」と述べていたが、果たしてそうなのだろうか。また、マクルーハンはハイデガー哲学に非文字社会的傾向を見出しているが、その内実を探るためには、ハイデガーによるプラトン批判の実態も確認しておかなければならない。ハイデガーによる西欧形而上学批判は、マクルーハンが考えるように非文字社会的傾向を有するものなのだろうか。

まずは、ハイデガーとメディア技術との関わりを確認し、さらに彼が電子技術のもつ役割に気づいていたのか否かを検証する。

ハイデガーのメディア技術論

ハイデガーが彼の愛好する詩人ヨハン・ペーター・ヘーベル（Johann Peter Hebel, 1760-1826）について執筆した「ヘーベル――家の友」（一九五七年）というエッセイが残されている。牧師であり教師でもあったヘーベルは、その著作を故郷の言葉であるアレマン語で著したが、ハイデガーはその詩作を讃えて次のように語っている。「ヘーベルの文学は、それが方言文学であるが故に、或る限られた世界についてしか言っていない、と我々は思うかもしれません。そのうえディアレクト〔方言〕は、標準語や文章語を乱暴に扱って醜くしたものに留まる、と思われています。そのように思うことは誤っています。方言は、人手の加わらないどの言語にとっても、その秘密に満ちた源泉なのです。その源泉から、言霊が自らの内に蔵しているすべてのものが、我々に向かって流れてきます。」[25]

次いで、ヘーベルの著述を称揚しながらハイデガー独自の言語観が展開されていくのであるが、その言葉の端々にはハイデガーの思索が盛りこまれている。例えば、ヘーベルは自分の読者に、私たちが生活している世界をくまなく統べている自然のさまざまな出来事のうちに明示されているものを知らせるために、「近代自然科学の「博物学者と天文学者たち」が、またすべての人に先んじて「誠実なコペルニクス」が表象しているような自然を描き出していています。つまり数と図と法則に於ても、描き出しています。我々は熟思したうえで言います。家の友［ハイデガーがヘーベルに与えた尊称］は自然をその科学的な計量可能性に於ても示している、と。しかし彼は、この自然把握の中に自分を失ってはいません。家の友はなるほど視線を計量可能な自然に向けていますが、同時に、そのように表象された自然を、自然の自然らしさの内に取り戻しています。この自然の自然らしさは、近代自然科学の対象という意味での自然よりも、本質に於て、したがって歴史的にも遥かに古いのです。自然の自然らしさは、決して自然それ自身から直接生まれてきたのではなく、むしろ、特に次のものの内に見て取れます。即ちそれは、かつて古代のギリシャの思索家たちが「フュージス」〈Physis〉と呼んだところのもの、すべての現成するものが自らの現前へと立ち現れ、また不現前へと退くこと、であります」[26]。

すぐれて後期ハイデガー的な言い回しではあるが、哲学的な思索をめぐらした著作ではなくヘーベルを称揚するためのエッセイにおける表現なので極めて分かりやすい。さらに彼は、「科学の〔対象である〕技術的に支配可能な自然と、自然らしい自然、即ち、そこに人間が住み慣れて住んでいるのと同様に、歴史的に規定されて住んでいる自然らしい自然とが、二つの疎遠な領域のように互いに対して分断され、絶えず加速しながら一層遠くへ疾走して互いから離れていく」ことは疑わしいことであって、自然の計量可能性が世界の秘密に到る唯一の鍵などと称されているが、「計量可能な自然が、誤って真実な世界だと思われ、人間の一切の志向を我が物とし、人間の表象を変えて単に計量するにすぎない思考にまで硬化させている」ことを指摘する。

そして、世界という家を彷徨っている現代の私たちに欠けているものは「家の友」という詩人であり、ヘルダーリン（Friedrich Hölderlin, 1770-1843）やヘーベルといった詩人たちこそが「自然の計量可能性と技術とを、新たに経験された自然の自然らしさという開かれた秘密の内へ戻し、そこに収めることができる」のだと述べる。この詩人たちは世界という家を「言語に言い表す」ことで、「以前には語られず決して言われなかったことを、最初に言葉へと高め、それまで覆蔵されていたものを、言うことによって現れ出させる」のである。「覆蔵する」と訳されている原語は〈verbergen〉で、日常的には「隠す」行為を示すものであるが、ハイデガーはこの言葉に特別な意味を与えている。

ハイデガーの技術論として知られている講演記録「技術への問い」でも、「産み出す〔制作する〕ということは、隠蔽（伏蔵）されていること＝隠蔽性（Verborgenheit）から隠蔽（伏蔵）されていないこと＝非隠蔽性（Unverborgenheit）へともたらすことである。産み出すことは、隠蔽されたもの（das Verborgene）が隠蔽されていないもの＝開示されたもの（das Unverborgene）に到る限りにおいてのみ生起する。このような到達（Kommen）とは、私たちが発露（das Entbergen）と呼んできたことに属するとともにそこで響き合うものである。ギリシア人はそれに関してアレーテイア（aletheia）という語をもっている。ローマ人はそれを訳してウェリタス（veritas）とした。私たちはそれを「真理」（Wahrheit）と言って、通常は表象の正しさ（Richtigkeit）と理解している」[27]など、覆蔵（伏蔵、隠蔽）と非覆蔵さらには真理との関わりについて繰り返し述べられている。

さらに、ヘルダーリンやヘーベルといった詩人たちの言葉とは異なり、私たちの言葉は真理との関わりを失ってしまったと、ハイデガーは慨嘆する。「我々から我々自身の言語が消え失せつつあるのでしょうか？　実際そうであります。我々の言語を用いてかつて語られたもの、我々の言語の汲み尽くし得ない古代は、忘却されてますます沈みつつあります」と。一体、なにが起きたのか。

「現代という時代に於ては、日常の話したり書いたりすることが、慌ただしく、ありきたりのことであるという結果、言語に対するもう一つ別の関係が一層決定的に優勢になっています。つまり言語もまた、我々が取り扱う他のすべての日常的なものと同様に、単に一つの道具、しかも了解と情報の道具にすぎない、と我々は思っているのです。

言語についてのこのようなイメージは、我々に非常によく知られているので、我々はその不気味な力にほとんど気が付きません。しかしながら、その間にもこの不気味なものは一層判然と明るみに出て来ています。情報の一つの道具としての言語についてのイメージは、今日極端なものにまで推し進められています。なるほど、このような経過については識られていますが、その意味は熟思されていません。今や電子頭脳の製作と関連して、単に計算機だけでなく、思考及び翻訳機械もまた製作されていることが知られています。しかしながら、狭義及び広義に於けるすべての計算、すべての思考と翻訳とは、言語というエレメントの中を動いています。上に挙げた諸々の機械を通して、言語機械〈Sprachmaschine〉が実現されたのです。

諸々の計算及び翻訳機械から成る技術的な装置という意味での言語機械は、蓄音機〈Sprechmaschine〉とは別のものであります。後者を、我々は次のような器具の形式に於て識っています、即ちそれは、我々が語るのを記録し再現しますが、それ故に、言語が語るということにはまだ介入していません。

それに対して言語機械は、その機械的なエネルギーと諸機能からして既に、我々の可能な言語使用の仕方を規制し、査定しています。言語機械とは、次のような仕方であります――とりわけこれからは一層次のような仕方に成るでありましょう――、即ちそれは、現代技術が言語そのものの種類と言語そのものの世界とを意のままにする或る仕方であります。

しかしながら表面的には、あたかも人間が言語機械を制御しているかのような見かけが、今もなお保たれているのです。しかし真理は、言語機械の方が言語を操作し、そのようにして人間の本質を制御している、ということでありましょう。

言語に対する人間の関係は変化しつつあり、その変化の射程を我々はまだ見極めていません。この変化の進行も、それを直接押しとどめることはできません。しかもその進行は、極めて静かに行われています。」(28)

やや長い引用となったが、ここにはハイデガーの言語観と言語の観点からする現代批判とが直截に表現されていて、引用者が付け加えるべきことはなにもない。ただ、この文章が発表された一九五七年という時点で、既に言語の機械処理についての知識をハイデガーがもっていたこと、また、それに対する的確な批評を行っていることには注目しておきたい。後にも見るように、ハイデガーは原子力問題など近代自然科学とその応用技術についてかなりの関心を寄せていたようで、さまざまな文章の書き出しで近代科学技術に言及しているという事実もある。

一九五七年といえば、旧ソ連が人工衛星スプートニクの打ち上げに史上初めて成功した年であるが、二年後の一九五九年に発表された「仕事場からの手記」では、ニキタ・フルシチョフによる宇宙間ロケットの開発についての発言に寄せて次のように記した。

「近代技術とそれと一体になった科学の支配に関して、或る歴史表象を見出し、その内へ上述の支配によって規定せられた世界状況を組み入れ、その内へとにかくそれを或る理解が可能なように捕捉すると、そういった必要に迫られて、多くの人達は今日悪戦苦闘しているように思われる。このようなことがたとえ成功したとしても、近代技術とそれに配属させられた科学は、その本質において依然として知られぬままである。勿論近代技術それ自身の本質がそれ自身から歴運〔命運〕(Geschick) の形をはっきりと示し、それを前面に打ち出し、かくして歴運に聴従しつつすべてのものがそれから遣わされたものの内に帰するならば、或は違った結果が生ずるかも知れない。」(29)

まだ他にも指摘すべき箇所が多く残されているが、以上で、ハイデガーとメディア技術との関わり、さらには電子技術など近代科学技術の最先端が果たしている役割についての彼の評価を確認したこととし、ここからは、ハイデガーが近代の本質的現象の第一に挙げている近代科学と機械技術への言及について触れることにしたい。

世界像としての近代

ハイデガーは、一九三八年六月九日にフライブルクにおいて「形而上学による近代的世界像の基礎づけ」と題する講演を行ったが、その講演記録は「補遺」を付した上で「世界像の時代」（Die Zeit des Weltbildes）と改題されて一九五〇年に出版された『森の道〔杣径〕』（*Holzwege*）に収められた[30]。この講演は、近代の本質的現象としての近代科学と機械技術とに正面から対決したものとして知られているが、その概略をハイデガーに従って追うことにする。

ハイデガーはまず、「存在するものの本質への反省（Besinnung）と、真理の本質についてのなんらかの決定とがおこなわれるのは、形而上学において[31]」であるとし、形而上学がその時代を基礎づけるとする。つまり形而上学とは、存在するもの（Seiendes）の本質への反省（省察）と真理の本質についての決定によって構成されているのである。その上で、近代（Neuzeit）の本質的な現象として――

(1)近代の学問つまりは近代科学。

(2)機械技術（Maschinentechnik）において近代の数学的自然科学が実用化されたこと、それもただ実用化されたのではなく、数学的自然科学に対して機械技術が初めて実用をもって要求したという実践の転換なのである。機械技術こそ、近代技術の本質の最も明瞭な分岐点であり、これは近代の形而上学と本質を同じくするものである。ここには後の「技術への問い」において繰り返し問われることになる、技術の本質と技術的なるものとの決定的差異をめぐる問題の萌芽が見られる。

(3)芸術が美学の領域に入ったこと、かつては神への捧げものであった芸術が、人間の純粋な感性的表現の対象として論じられるようになった。「芸術作品が体験の対象になり、芸術が人間の生の表現」として扱われることについても、同じく「技術への問い」での重要課題として再現する。

(4)人間の行為が、文化として捉えられかつ完成されて最高の価値となる。文化は、人間のもつ最高の財の保護による最上の価値の実現である一方で、文化の本質には文化政策が潜んでいる。

(5)神々が退場していく。「神々の退場」(神々の神性の剥奪)とは、単なる無神論ではなく二重の出来事である。つまり、世界の根拠が「無限なもの・無制約的なもの・絶対的なもの」として設定されるかぎり世界像はキリスト教化して、キリスト教が、キリスト教的世界観を解釈し直してみずからを近代に適合させるのである。「神々の退場」とは、神ならびに神々についての決断を欠いた状態であり、そこでは、宗教性を排除するどころか、神々と人間との関わりが宗教的体験へと転化している。この事態は、ハイデガーがヘルダーリン解釈で示した「神々が逃げ去ってもはやなく、来るべきものがまだ立ち現れていない」という二重の欠乏に苛まれた時代の乏しさでもある。そして、ここに生じた空虚は、神話の歴史記述的・心理的探求によって埋められることになる。

このような五つの様相に近代の特徴を求めた上で、第一の学問（Wissenschaft）に議論は限定される。では、近代の学問の本質とはなにか。「存在するものと真理のどのような捉え方が、近代の学問の本質を基礎づけているのでしょうか。学問を近代的なものとして基礎づけている、形而上学的根拠に到達することに成功すれば、その根拠から、そもそも近代の本質といったものが認識されるに相違ありません」とした上で、近代の学問（Wissenschaft）は、ギリシアのエピステーメーとも中世のドクトリーナあるいはスキエンチアとは本質的に異なったものであると述べる。

古代ギリシアや中世の学問と異なり、近代科学の特徴は精密科学ということにあり、この学問の本質は研究（Forschung）である。研究の本質は、認識する（erkennen）ということがみずからを道案内（Vorgehen）（段取り、行動指針）として、存在するもののうちで領域設定し研究計画を立てることにある。このことで、研究の厳密さや精密さが保証されることになるのであるが、その具体例は数学的自然科学に求められる。数学的な自然研究は、「正確な計算がおこなわれるから精密なのではなくて、その対象領域への結びつきが精密さの性格をもっているので、そのように計算されねばならないのです」[32]。ところが、これに反して、精神科学や生命体に関する科学は、厳密であろうとすると必然的に精密さを欠くことになる。つまり、生物は時間的空間的な運動量として捉えられるが、そのときにはそれはもはや生物ではなくなるのだ。

さらにハイデガーの議論は、近代科学における研究実験と法則定立科学としての性格などに触れ、研究としての学問の本質的な必然としての「専門化」、ついで学問の企業化にまで及ぶ。研究は、「その仕事が研究所においておこなわれるから企業であるのではなくて、学問がそれ自身、研究として、企業の性格をもっているからこそ、研究所が必要」になるのであると指摘する。

「学問の研究所的性格の拡大と強化において、なにごとがおこなわれているのでしょうか。研究においてそのつど対象的として扱われる存在するもの（自然と歴史）にまして、方法の優位の確率以外のなにものでもありません。〔中略〕こうして学問の近代的企業性格が断然発展したために、今までにない種類の人間が現れてきました。学者は影をひそめます。学者は研究という事業に携わっている研究者にとって代わられます。仕事を鮮やかに促進するのは、学識ではなくて、研究という企業です。研究者は、もはや自宅に蔵書なんか、もっている必要はありません。かれはいつも、途上に急いでいます。かれは会議で事務を片付けては、学会で新知識を仕入れます。研究者は、出版者との契約に結ばれています。どんな書物を書かなければならないか、今では出版者が一緒になってきめるのです。(33)」

このように近代の本質的現象として確認された研究としての学問であるが、この研究の形而上学的根拠を構成しているものは、あらかじめ先行して近代一般の本質を規定していなければならないであろう。近代の本質について一般的には、人間が本来の自己へとみずからを解放して、中世的な束縛から脱したところにあると言われている。近代は、人間の解放にともなって主観主義と個人主義とを導いてきたとされている。しかし、重要なことは、人間が中世的な束縛から逃れて自己を解放したことではなく、人間が主体（Subjekt）になることによって、人間の本質一般が変化したということである。つまり、人間が存在するものそのものの関与の中心となったのである。

それでは、近代の世界像とはなにか。また、「世界像」とはなにか。世界とは、宇宙・自然・歴史など存在するものであり、世界根拠である。「像」（Bild）は、なにかの模写（Abbild）について言われることであるので、世界像とは存在するもの全体を写した絵画（Gemälde）のようなものだろうか。そうではなく、世界像とは、存在するもの全体の写し以上のものなのであり、「存在するものが、それに属しかつそのなかに成立しているもののすべてにおいて、体系として私たちの前に立っている」ことを表しているのである。

世界像とは、世界についてのひとつの像を意味するのではなくて、世界が像として捉えられていることを言うのであって、存在するものが、世界像となる場合には、存在するものについて、全体として、本質的な決定がおこなわれることになる。存在するものの存在は、存在するものが表象されてあること（Vorgestelltheit）において、探求されかつ見いだされるのである。

「近代の世界像 Weltbild der Neuzeit と近代的世界像 neuzeitliches Weltbild という言い方は、同じことを繰り返している言い方で、かつて以前に存在しえなかったところのなにものかを、すなわち中世的世界像とか古代的世界像とかを、意図しているのです。世界像は、かつての中世的なものから近代的なものになるのではなくて、そもそも世界が像になるというそのことが、近代の本質を表しているのです。これに反して中世にとっては、存在するものは、最高原因としての人格的な創造神から造られた被造物 ens creatumです。存在するものが在るということは、このばあい、創造されたものの秩序の、それぞれ一定の段階へと属することと、このように惹き起こされたものとして創造の原因に対応すること（存在の比喩、アナロギア・エンティス analogia entis）をいうのです。しかし中世では決して、存在するものの存在は、それが対象的なものとして人間の前にもたらされかつ人間の知識と処理の領域内に置かれ、こうしてひとり存在的であるような、そのようなところには、決して成立しないのです。」[34]

世界が像となり、人間が主観となるという近代の本質にとって決定的な二つの出来事が、ここで明瞭に語られた。言い換えれば、世界が像となるや否や、人間の立場は世界観（Weltanschauung）として把握されることになるのである。このような近代的表象の働きを〈repraesentatio〉（レプラエセンタチオ、再現前）という言葉で捉えることができる。表象する（vor-stellen

前に‐置く、直前に‐立てる〉とは、「〈手前にあるものを、対して立つものとして、自分のまえにもってくること〉、〈前に立っているものへと自分を関係づけ、そしてこの関係のなかへと、基準的な領域としてのみずからに対して、立ち戻って強いること〉、です。そのようなことが起こるばあいに、人間は存在するものをこえてみずから像のなかへと、座を占めるのです。しかし人間がこのように像のなかへと座を占めることによって、人間はみずから情景〔舞台〕（Szene）のなかへと、すなわち一般にかつ公開的に表象されたものの開けた区域へと座を占めるのです。こうして人間自身は、情景として座を占めるのであり、その情景のなかで、存在するものは引き続いてみずからを前に‐置く、すなわち呈示する、すなわち像であらねばならないのです。人間は、対象的なもの（das Gegenständige）の意味において、存在するものの代表者〔再現前するもの〕（der Repräsentant）となる[35]」のである。

一八世紀から始まって、人間学においてますます独占的な傾向を増していくところの世界解釈が根を張ること、それは、存在するもの全体に対する人間の根本態度を、世界観（Weltanschauung）として規定することのうちに、その表現を見いだすとするハイデガーは、さまざまな世界観がお互いに闘いあっているとも言う。世界観相互の闘争のために、人々は一切の事物の計量と計画と訓練を目ざして無制限の力を投じている。研究としての学問は、ある行動指針をもって世界と向き合うための不可欠な形式であり、同時に、近代がその本質を充足させるためにみずからも未知の速度でもって進む軌道の一つなのである。

その出来事の兆しとして、多種多様な形態と装いのもとに巨大なもの（das Riesenhafte）が至る所に出現している。それは、原子物理学における数値のように、姿を変えて極微なものとしても現れている。また、巨大なものは、一見それ自身を消滅させるような形においても出現している。巨大な距離は航空機によって克服され、遠い世界の出来事がラジオを通してたちまち現れてくる。

この巨大なものは、量的なものを独自の質に変え、その結果、余すところなく計量さるべきものが、計量されえないものに転化する。人間が主体（Subjekt）となり、世界が像と化せられるに及んで、計量しえないものが目に見えない影となって、地上一切の事物を覆い隠すのである。この影は、人間によって知られることを拒んでいるのであるが、人間は真正な意味での反省（省察）の力からする創造的な問うことと形成する（gestalten）ことによって、知ることができるであろう。

以上が、「世界像の時代」における近代科学技術についてのハイデガーの思索であった。ここでは触れなかったが、この講演においても古代ギリシアとギリシア語への言及、また詩人ヘルダーリンの詩の引用によって結語が語られている。このようなハイデガー独特の思索のスタイルと、彼独自の近代理解および科学技術批判とが結びつき、いわば後期ハイデガーの一つの記念碑となったのが、一九五五年に行われた講演「技術への問い」であろう。これについては、後にテクストに即して読解を試みるので、ここではブレーメン講演（一九四九年）を中心に彼の技術論を探っていく。

近代科学技術とゲシュテル

ハイデガー哲学の総体は、プラトン、アリストテレス以来の西欧形而上学批判から成り立っているが、後期になると西欧近代に対する厳しい批判、特に科学技術に対しては「存在」からの乖離をもたらしたものとして論難されていると言っても過言ではない。その頂点に立つのが講演「技術への問い」であるが、この講演に至るまでにさらにいくつかの講演が周到に行われている。その代表的なものとして知られているのが「ブレーメン講演」と呼ばれている四つの連続講演、「もの」（Das Ding）、「ゲシュテル」（Das Gestell）、「危険」（Die Gefahr）そして「転回（転向）」（Die Kehre）である。ここでは、このブレーメン講演からハイデガーの技術論のキーワードである「ゲシュテル」（Gestell, Ge-Stell, Ge-stell）を中心に、「技術への問い」とは異なった角度から光をあてたい。後にも触れるが、ゲシュテルには訳者によって、「仕組み」「立て‐組」「組‐立」「仕‐組み」「総かり立て体制」などさまざまな訳語があてられており、どの訳語もそれなりの妥当性をもっているので、本稿ではカタカナ書きで進めることとする。(36)

この四つの講演には「まえおき」と称する短文が付属している。「世界像の時代」の結語部分との重複もあるが、冒頭の段落を引用する。

「時間と空間における距離は、すべて収縮しつつある。以前なら何週間、いや何ヵ月も費やさないとたどりつけなかった場所に、いまでは人間は、飛行機を使えば一晩で到着してしまう。かつては何年もたってからようやく知ることのできた事件を、それどころか決して知ることのできなかった事件すらも、人間は今日、ラジオ放送を通じて時々刻々、たちどころに伝え聞くのである。春から夏へ、夏から秋へと徐々に芽吹き、伸びてゆく植物の、そのひめやかな発芽成長の過程を、近ごろの映画はたった一分間であからさまに写し出してしまう。遠く隔たった最古の文明の遺跡が映画に上映されるさまたるや、あたかもその遺跡が現代の都市の路上に忽然と姿を現わすかのごとくである。おまけに映画は、被写体の真実性をさらに裏づけるために、撮影装置やその装置を現場で操作している人々までも、同時に映し出してみせる。一切の距離のありとあらゆる除去の頂点をきわめているのが、遠眺装置としてのテレビにほかならない。この装置は、近い将来、情報通信の複雑なしくみと精妙なうごきの全般にくまなく介入し、その一切を掌中に収めることだろう。」(37)

ここに述べられていることは、今日の私たちの常識からすれば、ごく日常的なことであるどころか、インターネットなどの情報通信システムの現状を考慮するならば、ハイデガーの指摘をはるかに超えたメディア環境が実現している。しかし、この発言がなされたのが一九四九年だということに注目すれば、ハイデガーの憂慮の先駆性を見出すことはできないだろうか。「世界像の時代」においてもそうであったが、近代科学の急成長とそれにともなう科学技術の進展を、ひとつの哲学的思索の契機とする態度は一貫している。ただ、憂慮の念を示すだけではなく、科学技術に取りまかれた存在者としての私たちの存在機構、つまりは存在との関わりの内実を開示しようとしていると言うことができる。

この「まえおき」は、続けて「近さと遠さ」というすぐれて解釈学的な問題に、読者を導いていく。人間は、航空機による移動が示すように、大きな空間的距離を征服してわずかな時間的距離で片づけようとしている。しかし、大きな空間的距離を除去したところで、近さは決して生じないのである。では、近さとはなんだろうか。遠く隔たった空間的距離を縮小しても、現れることのない近さとは。「近さが現れないのと軌を一にして、遠さもまたやって来ないとすれば」、それはどのような事態なのか。

ハイデガーは、現代の輸送手段や情報通信システムをもってしても、「近さと遠さ」という問題は解消しておらず、すべては「画一的に隔たりを欠いたもの」のうちへといっしょくたに押し流されており、例えば、核爆弾の爆発とともに起こりそうなことに、人間は見とれているだけだと言う。そして、「もうずっと前から現に到来してしまっており、しかも現に生起してしまっている当のものを、見ようとはしない」のだ。その「当のもの」がもたらしたもののひとつが、核爆弾であるにもかかわらず。

核爆弾の爆発は、地球上のあらゆる生命を絶滅させる可能性を秘めており、「そんな途方にくれるしかない不安に襲われていながら、何を呑気に待ちかまえようというのか」、戦慄すべきものが、もう現に生起してしまっているのだとすれば。そして、次のように締め括る。

「戦慄に陥れるものとは、有るといえるもの（das, was ist）すべてをかつてのその本質から陥落させる、かのものである。この戦慄に陥れるものとは何であろうか。それは、あらゆるものが現前的にあり続けるその仕方に、おのずと示され、また隠される。すなわち、距離がどんなに克服されようとも、有るといえるものの近さはいっこうに現れない、という仕方にである。[38]」

この謎めいた言葉はなにを意味しているのだろうか。現代科学技術の粋をもってしても解決されえない「近さと遠さ」とは、一体なんだろうか。それは、ハイデガーの技術論の核心にある問いそのものでもあるが、このハイデガー独特の口調から伺われるものを結論的に述べるならば、人間を含めてのあらゆる存在者（Seiendes）の存在を可能にしている「存在」（Sein）からの「近さと遠さ」であると言うことができる。そして、「戦慄に陥れるもの」こそが技術の本質としてのゲシュテルであると言って差し支えないであろう。要するに、現代の科学技術の進歩と成果に酔い痴れている人間は、「存在」への思索を忘却して、時間的空間的な「近さと遠さ」を「存在」からの「近さと遠さ」と誤解している、いや、そのように誤解させるのが近代の本質特徴なのである。

では、ゲシュテルとはなにか、改めてハイデガーの言説に耳を傾けよう。このゲシュテルについては、説明のために多くの例がもちだされているが、ここでは「技術への問い」と重複していないマスメディアへの言及を見ておきたい。

森で伐採された木材は製紙原料として使われて、大量の紙が生産される。この紙は新聞や雑誌のために使われて、この新聞・雑誌は公共性を覆い尽くすことになる。「公共性そのものをかり立て〔立たせて〕、挑発し、調整しているのは、ある種の徴用し〔仕立て〕て立てるはたらきである。このはたらきによって徴用される物資〔在庫〕としては、ラジオや映画がある。ラジオや映画の機械制も、徴用物資〔在庫〕の総量を構成する断片であって、その徴用物資〔在庫〕によって、一切は公共的なもののうちへもたらされ、かくして公共性は、ありとあらゆるもののために無差別に徴用し〔仕立て〕て立てられる[39]」という。後に「技術への問い」で詳しく触れるが、ここで重要な働きをしているのが「立てる」（stellen）という言葉である。この〈stellen〉の周辺にゲシュテル（Gestell）をはじめとするキーワードが貼りつけられるのである。

公共性を調整し誘導するこうした徴用物資〔在庫〕を構成しているのは、ラジオや映画といった機械システムだけではなく、このようなマスメディアに従事する人々、またこの人々の所属する放送局などの組織であり、すべてはラジオ放送と呼ばれる徴用物資〔在庫〕にかり立てられているのである。ここで、次のようなありそうもない場合を仮定してみようと、ハイデガーは提案する。「ある放送協会がラジオ放送の廃止を進言した、と仮定してみるのである。その場合、一夜にしてその放送協会のほうが撤廃されてしまうだろう。それというのも、放送協会が現に当の放送協会であるのは、ほかでもない、公共性を徴用する総かり立て体制〔ゲシュテル〕においてかり立てられた徴用物資の一つとして、なのだから。」(40)

同じようにして、ラジオ放送に耳を傾ける聴取者も徴用物資を構成する断片であり、「聴取者は、徴用物資の断片として隔離されており、その徴用物資のなかにあくまで閉じ込められたままなのである。たとえ彼自身は、受信機を全く自分の自由につけたり切ったりできるのだ、と思い込んでいるとしてもそうである。じっさい、彼が自由であるのは、たかだか、公共的な用事が押し寄せてくるという脅迫から逃れて休息する自由をいつも確保しておかねばならない、といった程度の意味においてでしかない。とはいえ、そうした脅迫はたしかに避けがたく存しているのだが」。公共性は、私たちの社会生活にとってまさしく正の概念であるはずだが、ハイデガーによれば、それはあたかも、ジョージ・オーウェルの反ユートピア小説『一九八四年』に登場するビッグ・ブラザーを想起させるような性格を帯びたものとなってくる。だが、ゲシュテルとはそのような存在であると仮定してもあながち間違いではないように思われるのも事実である。

このように見てくるとゲシュテルとは実に不気味な存在機構を有しており、その存在機構は人間を「現存在」として立たせている「存在」と極めて酷似しているのであるが、その働きからすると「存在」の負の顕現として見ることができるのである。

ゲシュテルについては後にハイデガーの記述を詳しく追っていくので、ここでは要約的にゲシュテルの性格を確認しておこう。ゲシュテルによって徴用された（仕立てられた）ものは、在庫として恒常的に存立している。「恒常的に存立しているものは、実体的におのれを持ちこたえるものと表象される」が、「実体的におのれを持ちこたえるものは、持続して現前的にあり続けるもの（Anwesendes）」であり、現前性のさまざまな仕方に応じて、人間と関わり合う。この現前性のさまざまな仕方を規定するのが、西欧の「存在」の歴史（Seynsgeschichte）におけるいくつかの転換期であるとハイデガーは述べる。ここでハイデガーは「存在」の〈Sein〉を〈Seyn〉と表記替えしているが、〈Seyn〉は〈Sein〉の強調形であると指摘するに止める。

存在の歴史における転換期とは、現前的にあり続けるものが隠された状態から現れてきて本質的にあり続けた古代、それが創造者によって創造されたものとして理解された中世キリスト教の時代、こうした表象の仕方に対抗して「コギト・エルゴ・スム」というデカルトに代表されるような主観性の意識哲学が台頭した近代、そして、現前的にあり続けるものがゲシュテルによって仕立てられ在庫（徴用物資）と化した現代である。

そして、このゲシュテルこそが技術の本質であるとハイデガーは指摘する。ゲシュテルが挑発し、かり立て、仕立て上げるはたらきは普遍的であり、このはたらきは、現前的にあり続けるものの全体という一者に振り向けられている。存在するものはすべて、多種多様な仕方とその変化形をとりながら、隠されたままでいようとなかろうとゲシュテルのはたらきにおける在庫的な断片なのである(41)。

3　マクルーハンとハイデガー

ハイデガーとコンピュータ

本書がテーマにしている「ハイデガーとマクルーハン」については、ハイデガーの『論理学の形而上学的基礎』[42]の英訳者であるマイケル・ハイムの著書『仮想現実のメタフィジックス』[43]に同名の論文が収録されている。電脳空間の哲学者（the philosopher of cyberspace）として知られるマイケル・ハイムは、仮想現実（virtual reality）などのコンピュータ技術の応用と社会への実装、さらにはこれらの新しい技術と人間との関わりについての哲学的考察を展開している人物である。

彼の「ハイデガーとマクルーハン」という論文は、技術を二〇世紀の中心問題と見なしていた二人を取り上げて論じたもので、技術を現実の危機として思索したハイデガーと、どのような意味も電子メディアの網の目から逃れることはできないことを発見したマクルーハンから、今日の私たちの生活においてコンピュータが果たしている役割を改めて学んでみようという企てで構成されている。

ハイムはまず「ハイデガーとコンピュータ」という見出しを掲げて、「奇妙な取り合わせだろうか?」と問いかける。彼によれば、技術と人間的価値との衝突に関して、ハイデガーほど鋭く焦点を当てた哲学者はいないのであって、ハイデガーは、技術を形而上学の中心に据えただけではなく、技術を、「ナチスドイツの惨劇を含めた、二〇世紀の悪の根源」と見なして、「ヨーロッパの人間性と巨大科学技術との対決だ」と規定した。しかし、ハイデガーは一九七六年に死去しており、マイクロ・コンピュータの普及という二〇世紀最大の技術革命を直接的に見聞することはなかった。にもかかわらず、ハイデガーの仕事は、コンピュータ以前の時代からコンピュータ化されつつある同時代までを広く考察の対象としていたので、「科学と人間性とに関する新たな状況を理解するための出発点となり得る」のだと主張する。(44)

ハイムは、ハイデガーの『道標』(一九六七年)の「前書き」の「歴史と伝承とが諸々の情報の一様な貯えへと平坦化され、而もこのような情報の貯えとして、操作された人類が必要とする避け難い平板な計画化のために、利用されるということ、そのこともまたあり得る。

その場合、果して思索もまた情報の駆動の内で斃死するのか」という文章を、引用に際して「おそらく歴史と伝統は、サイバネティックス的に組織化された人類に必要不可欠な計画のための資源として利用される情報更新システムに、スムーズに適応することだろう。問題は、思想もまた情報処理産業の中で消えてしまうのか」と読み込んで、ハイデガーの先見性を見出している。(45)

さらには、既に前節でも言及した「世界像の時代」のうちに「計算型思考」と「思索型思考」との対立図式を見出し、やがては、形而上学的スフィンクスのようにぼんやりとしていたハイデガーのゲシュテルという概念が明快となり、技術の問題がハイデガー研究の焦点となったと述べている。

ところで、ハイデガー技術論に対する米国での関心が高まった契機のひとつに、ハイデガー研究でも知られたヒューバート・ドレイファスの著書『コンピュータには何ができないか』が展開した人工知能批判がある。ドレイファスは、人間の思考をプログラムすることは絶対にできない。なぜならば、我々はただの精神ではないからだと主張して、「コンピュータの知能には限りがない」とする人工知能の専門家たちと論争したことで知られている。彼はチェスではAランク・アマチュアの腕前をもっているが、チェスのプログラムが組み込まれたマックハックというコンピュータと対戦して負けてしまったことでも知られている。だが、それにもかかわらずドレイファスは果敢に人工知能批判を継続したのであるが、ハイムは、コンピュータを人間のライバルとして捉える時代は既に去っており、今では、人間の身体感覚を増幅し「仮想現実」を創造する情報環境研究を含めた、コンピュータと人間との共生関係を探る方向にあるとして、「機械の反抗」よりも深刻かつ不吉な事態を憂慮していたハイデガーを参照すべきであると説く。

「ハイデガーが「テクノロジーの本質」と呼ぶものが、人間の創造し得るいかなる物よりも深く、人間の実在に浸透していく。テクノロジーの危険は人間存在が変容してしまうこと、つまり、人間の行動や情熱が根源的に歪められてしまうことにあるのである。機械が反抗を起こすことでも、機械との比較という考えによって人間自身を誤解することでもなく、テクノロジーが人間存在の最深部にまで入りこんで、われわれが知り、考え、意欲する方法をすっかり変えてしまうことが、おそろしいのだ。テクノロジーは本質的に、人間の実在の様式であり、コンピュータが主要な文化的現象となるまで、それが人間精神に浸透したことの評価は下せない。(46)」

ハイムが述べていることの根底には、ハイデガーのゲシュテル概念が横たわっていることは明白である。しかし、ハイデガーによるゲシュテルについての記述はこのように単純明快ではなく、後に見ていくように結論部に辿り着くまで重厚な思索と記述が連綿と続くことになる。ハイムは続けてハイデガーの「ヘーベル――家の友」における言語機械に言及しているが、この部分は既に触れたので省略して、マクルーハンとコンピュータについての議論に進むことにする。

メディアはメッセージである

マクルーハンは知人宛の書簡のなかで、「あらゆる技術、すなわち人間の能力の拡張が、新しい環境を作る。こういった方が、「メディアはメッセージである」と言うより分かりやすいでしょう。さらに、この環境というのは常に「見えない」ものであり、しかもその中身は常に旧来の技術なのです。新技術が発展することによって、旧技術が相当変貌してしまう」と述べているという。「メディアはメッセージである」という発言は、マクルーハン語録のなかでも特に名高いものであるが、多くの誤解を呼んだ言葉でもある。ここでしばらくハイムから離れて、「メディアはメッセージである」について考えてみたい。

『グーテンベルクの銀河系』と並び称される『メディア論』の冒頭にこの言葉を冠した章が置かれているのであるが、マクルーハンがペーパーバック版への序文で述べているように、『メディア論』でのさまざまな分析は読者にはなかなか伝わりにくかったようである。「メディアはメッセージである」の章は、こう言えばたぶん明快になるだろうとして、「いかなる技術も徐々に完全に新しい人間環境を生み出すものである」と言い、本書でも既に見てきたハヴロックの『プラトン序説』が、ギリシア人の口誦文化と文字文化とを対照的に比較したことを引証している。ハヴロックによれば、「プラトンの時代には、書かれたことばが新しい環境を生み出し、それが人間を脱部族化し始めていたと言うのだ。それ以前、ギリシア人は「部族の百科事典」の助けをかりて大人になっていた。詩人たちの詩句を暗誦していたのである。詩人たちは人生のあらゆる不慮の出来事にそなえて、特殊な役に立つ知恵を与えてくれた……。ところが、脱部族化した個人の到来とともに、新しい教育が必要になった。プラトンは文字文化人のためにこういう新しい教育方法を編んだのであった。それはイデアを基礎とするものであった。表音アルファベットを用いることによって、分類された知恵が、ホメロスやヘシオドスなど、部族の百科事典の実用に役立つ知恵にとって代わった。それ以後、分類されたデータによる教育が西欧の教育方法となった」のである。(47)

しかしながら、とマクルーハンは続ける。エレクトロニクスの時代になった今、データ分類はパターン認識に道を譲った、と。データが瞬間的に移動するとき、分類は断片的にすぎる。典型的な情報過多の状況で電子的に流れていくデータを処理するためには、全体構造を把握しなければならないのだ。一九六〇年代前半で、このような発言がなされていたことには瞠目しなければならないが、インターネットがグローバルな規模で普及した現代では、全体構造の把握など至難の業であろう。データ分類ではなくパターン認識の時代に私たちが生きていることに賛同することはできても、マクルーハンが述べたように、現代の若い学生たちは電気によって構造化された世界で成人し、それが断片の世界ではなく統合パターンの電気回路の世界で、神話と深層の世界であるという主張には疑問をもたざるをえない。確かに、若い世代が神話と深層の世界に生きているとしても、それはハイデガーやハヴロックたちが念頭に置いた、古代ギリシアにおけるプラトン以前のホメロスやヘシオドスらの神話と深層の世界ではなく、それこそマクルーハン以後の新しい神話と深層の世界であろう。だが、この未知の世界を、神話と深層という言葉で表現することは果たして可能なのだろうか。

『メディア論』が発表されてから四〇年もの歳月が過ぎ、マクルーハンの知らなかったまったく新しいメディア環境が日々増殖している今日、細部の有効性にこだわるよりも、「メディアはメッセージである」という言葉の内実を明らかにすることが大事であろう。続けてマクルーハンに耳を傾けよう。「メディアはメッセージである」というのは、エレクトロニクスの時代を考えると、完全に新しい環境が生み出されたことを意味している。しかし、この新しい環境の内容といえば、それはエレクトロニクス以前の工業化時代の古い機械的な環境であって、新しい環境は古い環境を根本的に加工しなおす。例えばテレビを見てみようと、マクルーハンは言う。テレビという新しい環境の内容は映画そのものであって、テレビが映画を根本的に加工しなおしているだけのことに多くの人は眼を向けていて、この新しい環境に気づいていないのだ。因みに、新しいメディアは古いメディアを模倣すると言われている。テレビが映画を模倣したのならば、映画は演劇を模倣したものである。その証拠に、初期の映画はプロセニアム・アーチ（prosceniumarch 舞台と客席を区分する枠）で枠取りしていて、映画という新しいメディアに接する観客に違和感が起きないような工夫をしていた。驀進する機関車があたかもスクリーンから飛び出してくるような撮影手法が採用されるのは、もう少し後になってからのことである。

しかし、マクルーハンが「メディア」という言葉で語るものとは、一体なんだろうか。一般的な理解では、メディアとは媒体、つまり、情報内容を運ぶものであって情報担荷体と呼ばれることもある。私たちは情報内容を記憶ではなく記録として残すため、あるいは配布するためにメディアに書きこむという行為を行う。そのメディアは紙であり、CDであったりさまざまであるが、メディアと呼ばれるものの基本型はこのようなものである。ここから、やや広いイメージが派生して、出版メディア、新聞メディア、放送メディア等々のマスメディア系の使われ方も一般的である。おそらく、メディアという言葉の通常の使われ方はここまでであろうが、もう少し精細に規定すると、メディアは、「信号（記号）をメッセージに変換する手段・方法」、「生のデータに意味を与える手段・方法」、「メッセージを不特定多数の人々に同時に伝送する道具」として理解することができる。

また、コミュニケーション論などでは、メディアの三様態として⑴表現的メディア（presentational media）、⑵再現＝代行的メディア（representational media）、⑶機械的／電子的メディア（mechanical/electronic media）に分類しているが、「表現的メディア」とは、会話などの対面的なコミュニケーション、「再現＝代行的メディア」とは、電報、新聞、雑誌などのように印刷という技術的手段が必要だが、メッセージを蓄積して遠距離伝送ができ、かつ参加者が不在でも再生可能、「機械的／電子的メディア」とは、再現＝代行的メディアの一種であるが、電話、ラジオ、テレビなどのように受信者側に受信機が必要となるものである。

だがマクルーハンは独自の定義を提出して、メディアを「われわれ自身の拡張したもの」あるいは「技術」そのものと捉えている[48]。別の言い方をすれば、メディアとは、人間の心的・身体的能力の延長であるということでもある。マクルーハン流にメディアを理解すると、「メディアはメッセージである」とは、「いかなるメディアの場合でも、それが個人および社会に及ぼす結果というものは、われわれ自身の個々の拡張（つまり、新しい技術のこと）によってわれわれの世界に導入される新しい尺度に起因する」ことを表現していることになるのである。

この点についてマクルーハンは、オートメーションの導入を例として説明する。この新技術の導入は、「人間の結びつきに新しいパターンが出来て、固定した職務（job）を駆逐する傾向がある。それは否定的な結果だ。しかし、肯定的には、オートメーションは人びとのために流動する役割（role）を生み出す。すなわち、昔の機械技術が破壊した、人間の結びつきと作業とにたいする関わりの深さを生み出す、ということだ。……〔機械技術によって〕人間の労働と人間の結合の再構造化が、細分化の技術によって形づけられたのであり、それが機械技術の本質というものだ。オートメーション技術の本質は正反対である。機械が人間関係のパターン化において細分的、中央集中的、表層的であったのにたいして、オートメーションは深層的、統合的、分散的である」という。このような機械技術の本質とオートメーション技術の本質との比較は興味深いものではあるが、私たちがこれまでに見てきたハイデガーの技術論との隔たりの大きさもまた一考に値するものである。

マクルーハンによってメディアとして捉えられた鉄道の例をさらに引いておきたい。いかなるメディアの場合でも、そのメッセージは、メディアが人間の世界に導入されるスケール、ペース、パターンの変化に他ならないとして、「鉄道は移動とか輸送とか車輪とか線路とかを人間の社会に導入したのではない。それ以前の人間の機能のスケールを加速拡大し、その結果まったく新しい種類の都市や新しい種類の労働や余暇を生み出したのである。このことは、鉄道の通じるようになったのが熱帯地方であれ北方地方であれ、また、鉄道というメディアの荷物（すなわち、内容）と無関係に、生じた。一方、飛行機も輸送の度合いを加速することで、飛行機の使用目的とはまったく無関係に、鉄道型の都市や政治や結合を解体する傾向がある」ことを指摘する。

人間の結合と行動の尺度と形態を形成し、統制するのがメディアであるならば、言語もまたメディアである。事実、「これまで社会はつねに、コミュニケーションの内容よりも、むしろそれを伝えるメディアの性質そのものによって形成されてきた。たとえば、アルファベットというテクノロジーは、幼児によって、完全に無意識な形で、いわば浸透作用のように吸収される。その結果、語や語の意味が、幼児の心に、自動的に一定の考え方や行動をするような傾向を植えつける。アルファベットと印刷テクノロジーは事物を断片化していくプロセス、専門化と分離のプロセスを生み出し、促進した」という指摘は、『グーテンベルクの銀河系』と『メディア論』を通して語られている。

ここで再びハイムの「ハイデガーとマクルーハン」に戻ることにしよう。ハイムは、マクルーハンの知人宛書簡における、「あらゆる技術、すなわち人間の能力の拡張が、新しい環境を作る。こういった方が、「メディアはメッセージである」と言うより分かりやすいでしょう。さらに、この環境というのは常に「見えない」ものであり、しかもその中身は常に旧来の技術なのです。新技術が発展することによって、旧技術が相当変貌してしまう」という言葉を引用して、技術が決定すること、つまり、技術が、世界の現出において不可視的な役割を果たしていると考え、世界という実体の背後に隠された背景があることを見抜いていたと言う。「メディアはメッセージである」というマクルーハンの主張の内実は、既に見てきた通りである。ハイムはここにマクルーハンとハイデガーにおける問題意識の共通性を見出そうとしているのであり、ハイデガーにとって技術の問題は存在者の問題ではなく、世界を存在論的に思索するというその態度が、マクルーハンによる旧技術と新技術についての考察と歩調をともにしているとする。しかし、オートメーション技術の導入に関するマクルーハンの議論から明らかなように、マクルーハンは新技術の導入に対してかなり楽観的であり、現代文明における科学技術の蔓延に対するハイデガーの悲観的な態度とは対照的である。確かに、マクルーハンのメディアについての考察は、これまでのメディア論やコミュニケーション論の枠を大きく超えたものとして評価されるが、ハイデガーの思索との擦れ違いが感じられるのである。

ハイムは、本稿の冒頭で引用している「マルティン・ハイデッガーは言語を哲学の資料《データ》として使用するに当って、言語の全域を使うという点で、たしかにより有利な立場に立っていたように思える」に触れて、マクルーハンはハイデガーに対して好意的に対処していると同時に、その考え方が、電子的に組織化された文化についてあてはまることに着目している。電子文化は、分離的、線形的、個人主義的といった、文字文化あるいは印刷文化に特徴的な精神を、時代遅れなものとするというのはマクルーハンの基本的な考え方であるが、言語技術がもっとも人間の本質に近い道具だということで、マクルーハンはハイデガーに同意しているとする。

だが、「ヒューマニズム書簡」で見たように、ハイデガーは、すべての存在者に先行して「存在」（Sein）というものがあり、存在者のひとつである人間が思索を通して存在と人間の本質との関わりを実らせ達成することができ、思索というものは、存在と人間本質との関わりを、存在から思索自身へと委ねられた事柄としてのみ、存在に対して捧げ提供するだけである。そして、この捧げ提供する働きの大切な点は、思索において、存在が言葉となってくることにある。つまり、「言葉は存在の家」なのである。そして、この人間が住まう言葉による住まいの番人たちとは、思索する者たちと詩作する者たちだけであると、述べていた。ハイデガーにとって言語は道具ではないのである。

ハイムは、ハイデガーとコンピュータについて論じた箇所で、コンピュータのワードプロセッシングについて注目していたが、ここでも、マクルーハンとワードプロセッシングという問題に着目している。しかし、マクルーハンの仕事よりも、彼の高弟であったウォルター・オングや『プラトン序説』のエリック・ハヴロックの業績に依拠する方が、ハイデガーの「存在の歴史」との親和性が見出しやすいとする。つまり、声から文字、手書きから印刷への変化を丹念に追究したオングとハヴロックが提示した「精神の変容」のパターンが、「存在の歴史」とぴたりとあてはまるのだ。

確かに、プラトン以降に展開した西欧における存在論の歴史の破壊を志したハイデガーが、ことあるごとに問題をソクラテス以前の哲学者たちに投げ返すことで、その思索を深めたことを考慮するならば、プラトンとプラトン以前を鋭く問題視したハヴロック、そして、声から文字への変化、手書きから印刷への変化を詳細に検討したオングの仕事は、表層的には親和性を見出すことができる。だが、ハイデガーが問い続けた「存在」という問題は欠落してはいないだろうか。

ハイムも、この点についてはさすがに見落としてはいない。マクルーハンの唱えた文化変容の理論は、電子技術のインパクトについては鋭い示唆を与えたが、有限の歴史変容のなかの喪失感覚やトレードオフにまつわる苦悩を欠いている。マクルーハンはニューメディアの副作用に関して口をぬぐい、オングはキリスト教の大きな物語の構図のうちに批判を吸収してしまったと批判する。

それに対してハイデガーは、私たちに歴史の必然的トレードオフを想起させる。彼の哲学は、「ある絶対的な立場から統合的な弁論を行うという可能性を否定する。歴史とは、曖昧な何かを得ながら、その裏で何かを失うような過程である。「存在史」（Seinsgeschichte）を作る時代の連続性は、多様な歴史解釈を広げるのであって、単一の物語を蓄積させはしない。歴史的変容のそれぞれの瞬間においては、肯定的な材料ばかりを集めて評価できるような「安全地帯」は存在しない」[49]のだ。オートメーション技術に対するマクルーハンの楽観的な姿勢についで触れておいたが、ハイムも同じように考えていた。因みに、オングはイエズス会の司祭であり、マクルーハンも敬虔なカトリック信者であったことは、彼らの時代診断に影響を与えたのだろうか。

デジタル・マクルーハン

マクルーハン理論については同時代から毀誉褒貶の波にさらされる一方で、多くの人々によって支持されてもきた。殊に、インターネットが革新的なメディアとして登場してくると、インターネットのエバンジェリストと呼ばれるような人々――パーソナルコンピュータやソフトウェアの開発者たち、ネットワークの設計者など――から熱狂的な支持を受けることになる。マクルーハンが使用した「ホットとクール」（hot and cool）「サーフ」（surf, surfing）「ライト・オンとライト・スルー」(light-on and light-through) などの言葉が、彼らの愛用する言葉となるだけではなく、マクルーハン理論そのものが多くの影響を与えたのだった。インターネットとともに甦ったマクルーハンについて、彼の晩年の弟子であったポール・レヴィンソンの文章を参考にしながら考えることで、本章を終えることにしたい。

「マクルーハンが死去したのは、パーソナルコンピュータ革命元年といえる一九八〇年の大晦日であった。テレビ、ラジオ、新聞といった古いメディアについての彼の三〇年にも及ぶ探求は、多くの人々にとって理解しがたいものであった」が、今日のデジタル時代においてこそ有益な視点を提供してくれるばかりか、インターネット時代と向きあうための手がかりは、マクルーハンの著作のうちにすでに書かれているのだ、というのが、ここで参照するレヴィンソンの「デジタル時代のマクルーハン」の書き出しである。(50)

そして、「マクルーハンの著作のスタイルは、電子的でデジタルでホログラフィックであった。洞察の無数の断片、それは他のどんなテーマとも結合していた。それは伝統的な大学教授の著作のスタイルではなく、論理的に展開された長い文章も、順序だった記述も存在していなかった」と続けている。確かに、これまでに引用してきたマクルーハンのいくつかの文章を見ても、電子的かどうかは別として、デジタル (離散) 的でホログラフィックなスタイルであって、どちらかと言えば、引用しにくいものであった。レヴィンソンはこの文体を、私たちが今日インターネットで経験する、独立して構築された無数のサイトのウェブページをハイパーリンクによって、次々と辿っていく様子と較べているが、マクルーハンの場合には、その空間がサイバースペースではなく、彼の記憶の貯蔵庫なのである。

ところで、彼の「メディアはメッセージである」という言説に私たちも触れてきたが、レヴィンソンは「非常によく知られながらほとんど理解されていない言説」という評価を与えている。マクルーハンは、メディアを「われわれ自身の拡張したもの」あるいは「技術」と定義し、「個人個人がメディアによってなにかを表現するというよりも、社会に対する影響が非常に大きいという命題に注意を喚起」したためだとして、改めて、メディアが担う「内容」(コンテント)について考えなおすよう促す。

コンテントをもたないメディアなどは存在しない。なぜならば、コンテントがなければメディアではないからである。空白のページでできた書物は本ではない。そのために、私たちは、コンテントにばかり注意を払ってメディアの存在を評価していなかったのである。この空隙に気づいていたのがマクルーハンであり、メディアが、より新しいメディアに取って替わられて新たなコンテントへと変化する時に、それが突然に可視的になることも知っていた、というのである。そして、今日のインターネットは、先行メディアのすべてをコンテントにしてしまったのだ。文字・音声・音楽・画像・映像といった個別のメディアが電子化され、融合メディアとしてインターネット上を伝送されている現状を観察すれば、この言説の正しいことが理解できるであろう。まさに、「メディアはメッセージである」というメタファーは、インターネットにおいて可視化されると同時に完全なものとなったのである。

レヴィンソンの議論は、家庭やビジネスの現場、そしてマスメディアの新しい活動に触れながら、マクルーハン理論の細部に入るとともに、その今日性を明らかにしようとする。列挙された事例の多くは私たちにとって経験済みのことでもあるので、これ以上は立ち入らないでおくが、興味深い指摘を一例だけ引用する。

それは、「時代遅れのテクノロジーが芸術へと化す」というマクルーハンの見解である。「テクノロジーがピークにあるとき、それは本質的に不可視である――それは回転しているファンのようなもので、警戒しないと指を切断してしまう――という彼の警句に関連して、マクルーハンは、新しいテクノロジーが一部でも稼働しはじめて陰で糸を引くようになって、ようやく姿を現すことに気づいていた。このように代替されたメディアは、現実の働きではなくただそれを経験するという喜びによって評価される。つまり、芸術作品のように鑑賞されるコンテントとして評価されるのだ。マクルーハンが好んで引いた例は、芸術形式となった地球であった。スプートニクが地球を周回し初めて宇宙からの地球の姿が伝えられたとき、地球は絶滅に瀕しているかのように、母なる大地である地球が賞賛され保存されるべき芸術形式となった」のである。

具体的な事実として、「紙に印刷されたものの外観とデザインはすでに評価され始めている——五〇年前の新聞の第一面のデザインと現在のものと比較してほしい。それは、タイプライター時代になって手書き文字がカリグラフィー芸術になったのと同じである」と述べられている。

ところで、マクルーハンの最晩年の仕事として『メディアの法則』（*Laws of Media: The New Science*, University of Toronto Press, 1988）が知られている。レヴィンソンは、この著書からメディアの四法則「テトラッド」（四価基）を取り出して、それが、マクルーハンが未来に向けたメッセージであると言う。

「マクルーハンの「テトラッド」すなわちメディアの四法則は、過去で曇らされた眼鏡を外し、前方にどのような領域が拡がっているか見るように促す。マクルーハンは、すべてのメディアとそのインパクトについて四つの問いを立てうると語っている。文化において、それはなにを拡張・拡大するのか。なにを衰退させ時代遅れにするのか。過去から、あるいは結果的に時代遅れとなった領域からなにを取り戻すのか。そして、ここが未来に向けたテトラッド・プロジェクトなのであるが、メディアは可能性の限界に到達したとき、なにを逆転させはじき飛ばすのか。例えば、ラジオは声によるコミュニケーションを遠距離にまで拡大し、ニュース配信の最先端にあった新聞のような文字によるコミュニケーションを陳腐化し、文字誕生以前の声によるコミュニケーションに顕著であったものを回復し、そして音声と映像の放送つまりテレビへと転じた。ニューメディアも同じように問うことができる。テレビは瞬時の遠距離映像コミュニケーションを拡大し、音声だけのラジオを時代遅れにして、連続ドラマやメロドラマはテレビに場所を変え、ラジオが陳腐化したマンガのような視覚的要素を取り戻し、また新しい転回が……　さて、私たちはまだそこに完全には到達していないが、テレビの寡頭制的な支配は、ケーブルテレビやビデオそしてインターネットのような多様で複合的なメディアによってはじき飛ばされてしまっている。」

ハイムも指摘していたことであるが、マクルーハンは技術に対して価値判断を下すことは、文化のなかにスモッグを発生させるから、自分は価値判断をしないと語ったという。レヴィンソンも「彼は、未来について体系的で細部に至るような予言を避けていた――むしろ彼の特徴は、あたかも輝く宝石を大洋の深みから取り戻すかのように過去に飛びこみ、海面に現れた宝石の光で私たちの現状を照らしだすことであった」と、似たようなことを言っている。だが、テトラッドは、「過去で曇らされた眼鏡を外し、前方にどのような領域が拡がっているか見る」ことを可能にするという。「デジタル時代が普遍化する過程で誘発した遠心力は、過去の全体主義の再発から「テトラッド」を引き離すほど強力かつすみやかなのだろうか」と、レヴィンソンは問う。

未来をどのように志向するのか。非本来的な時間構成を排除して、先駆的決意性にもとづく本来的な時間性としての「到来」についてハイデガーは思索をめぐらした。『存在と時間』における、この問題意識は後期になると、「存在」と「エルアイグニス（呼び求める促し）」に変化していった。しかし、未来（到来）は、人間存在にとって切実な問題でもある。マクルーハンの文明史に対するアプローチの手法と内実は、これまでに明らかになったと思われるが、未来への構想あるいは歴史意識・時間意識は未決のままに残されている。

＊

『グーテンベルクの銀河系』における「ハイデッガーは、デカルトが機械主義の波乗り遊戯《サーフィン》を楽しんだように、電子時代の波乗り遊戯を楽しむ」というマクルーハンの言葉に惹かれるまま、ハイデガーの思索とマクルーハンのメディア論の断片をつなぎ合わせてきた。力学的世界観の創始者デカルトについての両者の見解の比較、また、脱構築とメディアとの関わりなど、残された課題は数多い。だが、ハイデガーとマクルーハンとを並置することは、このあたりで終了させることとして、次に、ハイデガーのゲシュテル概念が展開された「技術への問い」をやや精細に読んでいくことにしたい。

註

(1) Marshall McLuhan, *The Gutenberg Galaxy: The Making of Typographic Man*, University of Toronto Press, 1962, p.248.　マーシャル・マクルーハン『グーテンベルクの銀河系――活字人間の形成』森常治訳、みすず書房、一九八六年、三七六頁。

(2) Claude T. Bissell, "Herbert Marshall McLuhan," G. Sanderson & F. Macdonald ed., *Marshall McLuhan: The Man and His Message*, Fulcrum, Inc., 1989, p. 6.

(3)『グーテンベルクの銀河系』ii頁。

(4) 同、三一一頁以下。

(5) 同、三二一頁。

(6) 同、一九二頁。

(7) 合庭惇『情報社会変容――グーテンベルク銀河系の終焉』産業図書、二〇〇三年、二一七頁。

(8) 同、四四頁以下参照。

(9)『グーテンベルクの銀河系』一三五頁。

(10) 同、一九三―一九四頁。

(11) Martin Heidegger, *Über den Humanismus*. Frankfurt a.M.: Klostermann, 1949. S. 5.『「ヒューマニズム」について』渡邊二郎訳、ちくま学芸文庫、一七―一八頁。この書簡の翻訳は『道標』創文社版ハイデッガー全集第九巻、辻村公一、ハルトムート・ブフナー訳、一九八五年にも「『ヒューマニズム』に関する書簡」と題されて収録されている。

（12）Martin Heidegger, *Sein und Zeit*, 13. Aufl., Tübingen: Niemeyer, 1976, S. 12.『存在と時間』原佑・渡辺二郎訳、「世界の名著62」中央公論社、一九七一年、七九—八〇頁。
（13）『「ヒューマニズム」について』二七頁。
（14）同、一三六—一三七頁。
（15）『グーテンベルクの銀河系』三七—三八頁。
（16）同、三九—四〇頁。
（17）エリック・ハヴロック『プラトン序説』村岡晋一訳、新書館、一九九七年、七頁。
（18）同、一八—一九頁。
（19）同、四六頁。
（20）同、六一頁以下。
（21）同、六五—六六頁。
（22）「パイドロス」藤沢令夫訳『プラトン全集』第五巻、岩波書店、一九七四年、二五四頁以下。
（23）ウォルター・オング『声の文化と文字の文化』桜井直文、林正寛、糟谷啓介訳、藤原書店、一九九一年。
（24）『グーテンベルクの銀河系』五三頁。
（25）「ヘーベル——家の友」『思惟の経験から』創文社版ハイデッガー全集第一三巻、東専一郎、芝田豊彦、ハルトムート・ブフナー訳、一九九四年、一七〇頁。
（26）同、一八一頁。
（27）Martin Heidegger, "Die Frage nach der Technik," *Die Technik und die Kehre*, Stuttgart: Klett-Cotta, 1962, S. 11.

(28)「ヘーベル──家の友」一八五─一八六頁。
(29) 同、一八九頁。
(30) Martin Heidegger, "Die Zeit des Weltbildes," *Holzwege*, Frankfurt am Main: Vittorio Klostermann, 1950.『世界像の時代』理想社版ハイデッガー選集XIII、桑木務訳、一九六二年。「世界像の時代」『杣径』創文社版ハイデッガー全集第五巻、茅野良男、ハンス・ブロッカルト訳、一九八八年。本稿での引用は、桑木務訳に従う。
(31)『世界像の時代』五頁。
(32) 同、一二頁。
(33) 同、二〇─二一頁。
(34) 同、二九─三〇頁。
(35) 同、三二頁。
(36) ブレーメン講演からの引用は、『ブレーメン講演とフライブルク講演』創文社版ハイデッガー全集第七九巻、森一郎、ハルトムート・ブフナー訳、二〇〇三年に従う。
(37) 同、五頁。
(38) 同、六頁。
(39) 同、五〇頁。
(40) 同上。
(41) 同、五一─五二頁。
(42) Martin Heidegger, *The Metaphysical Foundations of Logic*, translated by Michael Heim, Indiana Uni-

versity Press, 1984.

（43）Michael Heim, *The Metaphysics of Virtual Reality*, Oxford University Press, 1993.『仮想現実のメタフィジックス』田畑暁生訳、岩波書店、一九九五年。

（44）『仮想現実のメタフィジックス』八二頁。

（45）『道標』四頁。『仮想現実のメタフィジックス』八四頁。

（46）『仮想現実のメタフィジックス』九一頁。

（47）Marshall McLuhan, *Understanding Media: The Extension of Man*, McGraw-Hill Book Company, 1964. マーシャル・マクルーハン『メディア論――人間の拡張の諸相』栗原裕、河本仲聖訳、みすず書房、一九八七年、ii頁以下。

（48）『メディア論』七頁以下。

（49）『仮想現実のメタフィジックス』一〇三―一〇四頁。

（50）ポール・レヴィンソン（Paul Levinson）は、ニューヨークのフォーダム大学教授でコミュニケーション論とメディア論を専攻しているが、シンガーソングライターまたＳＦ作家などとして多面的な活躍をしている。マクルーハン理論から強い影響を受けるとともに、彼の最晩年には親密な交流があった。代表的な著作は、*Digital McLuhan: A Guide to the Information Millennium*, London & N.Y.: Routledge, 1999.『デジタル・マクルーハン――情報の千年紀へ』服部桂訳、ＮＴＴ出版、二〇〇〇年。なお、本稿ではポール・レヴィンソン「デジタル時代のマクルーハン――二〇世紀は二一世紀とリンクする」合庭惇訳、『印刷博物誌』凸版印刷、二〇〇一年、四九―五五頁、所収から引用する。

Ⅱ　ハイデガー「技術への問い」を読む

ここでは、ハイデガーの技術論としてよく知られている講演の記録「技術への問い」（Die Frage nach der Technik）のテクストから主要な部分を引用しながら読んでみたい。ハイデガーは一九四九年一二月一日にブレーメン・クラブ（Club zu Bremen）で「存在しているものの内への観入」（Einblick in das was ist）というタイトルのもとで四つの連続講演を行った。この講演は、さらに一九五〇年の三月二五日と二六日にビューラーヘーエ（Bühlerhöhe）でそのまま繰り返された。四つの講演とは、「もの」（Das Ding）、「ゲシュテル」（Das Gestell）、「危険」（Die Gefahr）そして「転回（転向）」（Die Kehre）である。ここで取り上げる「技術への問い」は、右の第二の講演「ゲシュテル」に新たに手を入れて一九五五年一一月一八日にバイエルン美術アカデミー主催の講演会「技術時代における芸術」（Die Künste im technischen Zeitalter）で発表されたものである（Martin Heidegger, "Die Frage nach der Technik", *Vorträge und Aufsätze*, 1954, S.9 ff.）。講演からの引用に際しては、"Martin Heidegger, *Die Technik und die Kehre*, Stuttgart: Klett-Cotta, 1962 所収の "Die Frage nach der Technik" (SS.5-36）を使用する。

この「技術への問い」の翻訳には小島威彦とルートヴィヒ・アルムブルスターによる訳文があり、理想社版ハイデッガー選集XVIII『技術論』（一九六五年）に「転向」とともに収録されている。またブレーメンでの講演「存在しているものの内への観入」は、創文社版ハイデッガー全集第七九巻『ブレーメン講演とフライブルク講演』（森一郎、ハルトムート・ブフナー訳、二〇〇三年）に「有るといえるものへの観入」というタイトルで収められている。英語圏ではウィリアム・ローヴィット（William Lovitt）による英訳“The Question concerning Technology”, *The Question concerning Technology and Other Essays*, N. Y.: Harper & Row,1977 があり、欧米の研究者によく利用されている。本稿では、引用に際して右の三点を参照しながら訳文を作成したが、小島訳にはとくに恩恵を蒙ったことを記しておく。

ところで、「技術への問い」の核心をなすキーワードは「ゲシュテル」（Ge-stell）である。ブレーメン講演ではゲシュテルはハイフンを付けずに使用されていたが、講演記録が出版されたときにはハイフンが挿入されて Ge-stell と表記され、また Ge-Stell と記されることもある。この「ゲシュテル」について日本ではさまざまな訳語が存在しており、瀧将之「ゲ・シュテル（Ge-stell）の訳語について」[1]によれば「仕組み」「立て‐組」「組‐立」「仕‐組み」「全‐仕組み」「集‐立」の他に「立て集め」「総かり立て体制」「巨大‐収奪機構」などがあり、また「挑発性」と訳すものもある。ここでの引用では、「ゲシュテル」という異様な名辞をなぜ選び取ったかについてのハイデガーの詳細な説明が本文中にあるために、敢えて訳語を選択せずカタカナ書きのまま使用することとした。なお、ローヴィットによる英訳では〈Enframing〉と表記されている。

1　技術の本質とはなにか

ハイデガーは講演においてまず「これから技術（Technik）について「問う」ことにしたい」と語り出す。いかにも、みずからを「問う人」と規定している哲学者に相応しい始まりである。「問う」ことの重要性は、ハイデガー前期の『存在と時間』（一九二七年）の冒頭でも詳しく説かれている。「いったいわれわれは「存在する」という言葉で何を意味するつもりなのか、この問いに対して、われわれは今日なんらかの答えをもっているのであろうか。断じて否。だからこそ〈存在の意味に対する問い〉をあらためて設定することが、肝要なのである」[2]と。続けて「第二節　存在に対する問いの形式的構造」においては、「問うことはいずれも一つの探求である。あらゆる探求は、探求されているもののほうから先行的にその方向を定められている。問うことは、存在者が存在している事実と存在している状態において、その存在者を認識しつつ探求することである。認識しつつ探求することは「根本的に探求すること」になりうるが、この根本的探求とは、その問いが向けられている当のものから邪魔者を取り払いつつ、その当のものを規定することにほかならない[3]」として、当面の課題である「存在の意味に対する問い」へと進んでいく。

ところで、ハイデガーの思索の歩みは一九三五年頃を区切りとして大きく前期と後期とに分けることができるとされている。前期と後期とでは思索内容がまったく異なり、そこにはいわゆる「転回」(Kehre)があったのである。「転回」とは、『存在と時間』で試みられた基礎的存在論(実存論的存在論)から後期のメタ存在論(存在の歴史の探究)ともいうべき立場への転換である。前期における存在論は人間的存在である「現存在」の存在性格を手がかりとして思索が行われたが、後期においては現存在を現存在たらしめている「存在」そのものについての思索へと転回した。

この転回問題を最初に論じたといわれるカール・レーヴィットの『ハイデッガー——乏しき時代の思索者』は、「『存在と時間』(一九二七年)から、「ヒューマニズム」についての書簡(一九四七年)ならびに『森の道〔杣径〕』という表題のもとにまとめられた一九三五年から一九四六年までの講演集(一九五〇年)にいたるハイデッガーの道を対象としており、その意図は、「存在」について、やがては「出来事」(Ereignis　エルアイグニス、呼び求める促し)について述べるハイデッガーの後期の論述が、彼の出発点における態度の必然的帰結なのか、あるいは一種の転回の結果なのかという問題を究明[4]するとし、ハイデガーの論点が「現存在」あるいは「時間」から「存在」や「呼び求める促し」に向けて変化した事態を批判的に吟味することは、伝記的な問題というよりも哲学的主要問題であると規定している。つまり、その問題とは「人間的現存在は、それ自身の「本来的」存在から基礎づけられるのか、それとも、みずから人間本質の現存在を「出来させる」まったく別の「存在」から基礎づけられるのか[5]」というものである。

だが、「問う」ということだけについて見れば、一九二七年の『存在と時間』と一九五四年の「技術への問い」との間に顕著な変化はないと見てよいだろう。改めて冒頭の段落に眼を通してみよう。

「これから技術(Technik)について「問う」ことにしたい。問うということは、道を切り拓くことである。だから、なによりもまずその道に注意を払い、個別の文章や話題に捉われないことが得策である。その道とは思索の道である。すべての思索の道は、かろうじて聞き取れるものでありながらも、日常的でない遣り方で言葉を導いて行く。私たちは「技術」を問おうとしているのであるが、この問うことにおいて、技術との自由な関係を準備しておきたい。その関係は、私たちの現存在（Dasein）を技術の本質（Wesen）へと開くことで自由になるのである。その本質に応答できるとき、私たちは技術的なるものの限界を経験することができる。」（"Die Frage nach der Technik," S.5）

「問うということは、道を切り拓くことである」「その道とは思索の道である。すべての思索の道は、かろうじて聞き取れるものでありながらも、日常的でない遣り方で言葉を導いて行く」とあるが、「道」という言葉はハイデガーお馴染みの言葉の一つである。彼の著作のタイトルを見ても、「言葉への途上」（Unterwegs zur Sprache）、「道標」（Wegmarken）、「杣径」（Holzwege）など道（Weg）が使われているが、「技術への問い」の読解において参考になると思われる一節を「野の道」（Feldweg）という短いエッセイから引いてみよう。「野の道が語りかけるその言葉は、野の道の微風の内で生まれその声を聞き得る人たちが存在する限りにおいてのみ、語りかけるのである。その人たちはみずからの出所に所属する者たちではあるが、しつらえられた物事の奴隷ではない。人間がみずからの計画によって地球をひとつの秩序に組み入れようとすることは、野の道が語りかける言葉にもしも人間が組み入れられていなかったとすれば、徒労に終るしかない試みである。現代人は野の道の言葉につんぼになったままである、そういった危険がさし迫っている。⑹」

問うこと、道を切り拓くことに続いて「技術との自由な関係」が取り上げられ、この関係は私たちの現存在を技術の本質へと開くことで自由になるとされる。この技術の本質と応答できれば、技術的なるものの限界が経験されるということで、「技術」と「技術の本質」との識別に向かうことになる。

「技術は技術の本質と等価ではない。私たちが「樹木」の本質を求めるとき、樹木としてすべての木々に充溢しているものは、数多の樹木の中から出会うことのできる一本の木ではない、ということを知るべきである。

それと同じように、技術の本質も決して技術的なるものではない。かくして、私たちがたんに技術的なることを表象したり進捗させたり、あるいは妥協したり回避したりする限り、技術の本質への私たちの関係を決して経験することはないであろう。いかに技術を熱烈に肯定もしくは否定しようとも、私たちは至る所で自由を奪われたまま技術に縛りつけられているのである。だが、技術をなにか中立的なものだともし考えるならば、私たちは最も悪しき仕方で技術に譲り渡されているのである。というのも、今日私たちが特に好んで信奉しているこの観念こそが、技術の本質に対して完全に眼を塞いでいるからである。」(S.5)

「技術」と「技術の本質」とはまったく別物であって、私たちは技術にばかり関わり合っていてその本質を見極めていないという指摘である。「本質」(das Wesen)という概念は、言うまでもなく伝統的な哲学の核心にある主要課題の一つであり、本論においても後半で「存続する」(währen)との関係でハイデガーは細かく論じているが、取り敢えずは「問い」と絡ませつつ次のように語る。なおローヴィットの英訳では、“Wesen”と動詞“wesen”とを「存続する」(währen)というハイデガーの込めるニュアンスを考慮してwesen = to come to presence, Wesen = coming to presenceとして、通常はWesen = Essenceと訳されていることと区別している。(7)

技術を中立的なものと判断することについては、ブレーメン講演の「危機」においても立ち入った考察が行われている。「技術は善でも悪でもない、と主張する技術論というのもやはりある。技術は中立的なのだ、というわけである。一切は、人間が技術で何を行ない何を作るのか、に懸かっているのだ。重要なのは、人間が技術を掌握することができるのか、そして技術を高次の目的に服属させる用意があるのかどうかなのだ。すべては、人間が技術を道徳的および宗教的に制御することができるかどうか、にもとづいて決定されるのだ(8)」という意見に対してハイデガーは反論する。

「技術に対するこうした見解に、責任を引き受ける真剣さがあることは、誰しも、認めざるをえない」とした上で、このような技術論では技術をその本質において思索しておらず、技術をたんに道具的・技術的に表象しているだけであると断定する。「技術の本質は、それ自身は技術的なものではない」のであって、「技術が道具的見地から手段と、いや工具とすら目される場合には、技術はその本質において、敬われるどころか貶められて」おり、「技術の本質の支配が、技術に関する人間の表象の仕方までも、いやまさにその仕方をこそ、そのひったくりの総体（Geraff）のうちへ巻き込んで徴用(9)」しているのである。

以下、技術の本質と技術についての議論が続く。

「古代の教えに従えば、なにかの本質とは、そのものが「何」であるかという問いであった。私たちが技術とはなにかと問うとき、私たちは技術についての問いを発しているのである。誰でもこの問いに答える二つの言明を知っている。人は言う、技術とは目的のための手段であると。ある人は、技術とは人間の行為であると。技術についてのこの二つの定義は、一体をなしている。というのも、目的を定めて、そのための手段を調達したり使用したりすることは、人間の行為なのだから。用具や器具や機械を製作し使用すること、製作されたものや使用されたもの自身、そしてそれらが満たした要求と目的とのすべては、技術的なるものに属している。これらの仕掛け・装置（Einrichtung）の全体が技術である。技術そのものが一つの仕掛け・装置であり、ラテン語でいうところのインストゥルメントゥム（Instrumentum）なのである。

技術が手段であり人間の行為であるとする技術についての一般的な表象は、それゆえ技術のインストゥルメント的で人間学的な定義と呼ばれるであろう。」（SS.5-6）

「技術とは目的のための手段である」という考え方と「技術とは人間の行為である」という俗説的な定義が存在しているが、技術についてのこの二つの定義は、同じものというよりも一体をなしているものであるとハイデガーは指摘する。つまり、「用具や器具や機械を製作し使用すること」から始まって、製作されたものやそれらが満たした要求と目的とのすべてが技術的なるもの、すなわち技術に属しているのである。そして、技術に関係する仕掛け・装置（Einrichtung）の全体が技術なのであり、ラテン語でいうところのインストゥルメントゥム（Instrumentum）であるとする。ラテン語から派生した英語のインストゥルメント（instrument）でも、器械・器具・道具に加えて手段という含意もあるし、命令・指示を意味するインストラクト（instruct）との親近性も認められるが、「ラテン語でいうところのインストゥルメントゥム（Instrumentum）」とは、まさにこのようなことであろう。

「この定義が正しいことを、誰が否定できようか。それは、私たちが技術について語るときに思い描いているものと明らかに合致している。技術のインストゥルメント的定義は、それが近代技術に対して有している見解、つまり、昔の手工芸的な技術とは対照的にまったく異なっているが故に新奇なものだ、とあたりまえに主張されているような見解にも適合するほど不気味なまでに正確である。タービンや発電機を備えた発電装置でさえも、人間によって定められた目的に奉仕する人為的な手段である。ジェット機や高周波機器さえも、目的のための手段である。レーダー基地は、もちろん風見鶏（Wetterfahne）のような簡単なものではない。確かに、高周波機器の製造には技術的・工業的生産のさまざまな過程の連動が必要である。そして、シュヴァルツヴァルトの鄙びた谷間にある製材工場は、ライン河の水力発電所と比べれば原始的な手段である。

しかし、近代技術もまた目的への一手段であるということは、確かに正しい。それ故に、技術のインストゥルメント的表象は、人間を技術への正しい連関にもたらそうとするすべての努力を条件付けている。すべては、手段として適切な手法で技術を操作することにかかっている。よく言うように、私たちは技術を「精神的に手中に収めよう」とする。私たちは技術をマスターしようとする。マスターしようとする意欲は、技術が人間の支配から滑り落ちようと脅かせばするほど、ますます緊急になってくる。」（SS.6-7）

製材工場のあるシュヴァルツヴァルトは言うまでもなくハイデガーの故郷であり、「創造的な景観。なぜわたしたちはその土地に留まるのか？」（『思惟の経験から』全集第13巻所収）に「南シュヴァルツヴァルトの或る広くて高い谷の懸崖の処、一一五〇米の高みに一つの小さなスキーヒュッテが建っている」と記された彼の仕事場が置かれたところでもある。ライン河の水力発電所については、後にゲシュテルとの関わりで再登場することになる。

続けて、「人間を技術への正しい連関にもたらそうとするすべての努力を条件付けている」

とされた技術のインストゥルメント的表象あるいは定義は、技術の本質を開示するものではないとされて議論はさらに展開していく。

「だが、技術が単なる手段ではないと仮定してみるならば、技術をマスターしようとする意欲は一体どうなるのだろうか。先に私たちは、技術のインストゥルメント的定義は正しいと語った。確かに。正しいということは、問われるたびごとになにが妥当するものかを確認しているのである。しかしながら、正しくあるために、確認は問題とされているることがらの本質を必ずしも開示するとは限らない。このような開示が生起するところでのみ、真なるもの（das Wahre）が現れ起こる（sich ereignen）のである。だから、正しいだけでは真なるものではないのだ。真なるものだけが、その本質からして私たちに係わってくるものとの自由な関係（Verhältnis）をもたせるのである。従って、技術についての正しいインストゥルメント的定義では、技術の本質は開示されることはない。技術の本質、あるいは少なくともその近くに到達するためには、正しいものを通じて真なるものを求めねばならない。私たちは問わなければならない――インストゥルメント的なものとは一体なんなのか。手段とか目的といったことがらは、いかなるところに属しているのか。手段とは、それによってなにかを引き起こしてなにかが得られるようにするものである。引き起こして結果を伴うものが、原因と呼ばれている。だが、なにかを引き起こすものだけが、原因とは限らないのである。目的が追求され手段が選ばれるところ、インストゥルメント的なものが支配するところでは、因果関係（Ursächlichkeit）つまり因果性（Kausalität）が統治している。」（S.7）

本質開示の生起を巡るハイデガーの議論が本格化してきたのであるが、それはアリストテレスの四因説に代表される因果性の問題へと引き継がれていく（以下、引用は省略。該当箇所の引用文については後注（A）を参照のこと）。

ハイデガーによれば、哲学は古代から四つの原因について論じてきたという。その第一は「質料因」（causa materialis）、すなわち材料である。ハイデガーは教会で儀礼のために使われる銀の聖杯を例として取り上げて、聖杯の原料である銀を質料因としている。第二の原因としては「形相因」（causa formalis）、つまり聖杯の材料である銀が取る姿形が挙げられる。第三には「目的因」（causa finalis）があり、それは形態や材料が定められた聖杯を必要とする供犠の儀礼であるという。最後に「作用因」(causa efficiens)があり、それは現実に完成された銀の聖杯をもたらした銀細工師であるとしている。そして、私たちがインストゥルメント的なるものをこの四つの原因という因果性に還元していくときに露わになってくるのが、手段として表象された「技術なるもの」であるとする。

だが、この因果性なるものが「なんであるかということ(was sie ist)を暗闇の中に隠して」きたと考えるならば、どうなるだろうかとハイデガーは問う。「確かに何世紀このかた、この四因説は天から降ってきた明々白々な真理であるかのように扱われてきた。しかし、なぜちょうど四つの原因があるのか、と問うべき時がきたようである。ここで言われている四つと関連して、「原因」とは一体どういう意味なのか。一体どこから、四原因の原因たる資格が、あたかも互いに連関し合うほど統一的に決定されているのか」と問うのである。「原因」とは一体どういう意味なのか、どのようにして四原因の原因たる資格が、互いに連関し合うように統一的に決定されているのだろうか。

しかし、もし因果性が、なんであるかということ(was sie ist)を暗闇の中に隠しているとすれば、どうなるのか。確かに何世紀このかた、この四因説は天から降ってきた明々白々な真理であるかのように扱われてきた。しかし、なぜちょうど四つの原因があるのか、と問うべき時がきたようである。ここで言われている四つと関連して、「原因」とは一体どういう意味なのか。一体どこから、四原因の原因たる資格が、あたかも互いに連関し合うほど統一的に決定されているのか。「これらの問いに取り組まない限り、因果性、それとともにインストゥルメント的なるもの、そしてまた容認されている技術の定義は曖昧で根拠ももたない」(SS. 8) のである。

何世紀もの間、あたかも「天から降ってきた明々白々な真理であるかのように扱われてきた」四因説とは、アリストテレスの『自然学』(194b 16 以下) によれば、「(1)事物がそれから生成しその生成した事物に内在しているところのそれ〔事物の内在的構成要素すなわち質料〕を原因という、たとえば、銅像においては青銅、銀盃においては銀がそれであり、またこれらを包摂する類〔金属〕もこれらの〔銅像や銀盃〕のそれである」に始まり、「(2)事物の形相または原型がその事物の原因と言われる、そしてこれはその事物のそもそもなにであるか〔事物の本質〕を言い表す説明方式ならびにこれを包摂する類、およびこの説明方式に含まれる部分のことである」と続き、「(3)物事の転化または静止の第一の始まりがそれからであるところのそれ〔始動因・出発点〕をも意味する」とあって、最後に「(4)物事の終り、すなわち物事がそれのためにそれ〔またはそれを目指して〕であるそれ〔目的〕をも原因と言う」とされている。ハイデガーが述べている質料因・形相因・目的因・作用因とは微妙なずれがあるが、やはりアリストテレスの『形而上学』(996b 5-8)における記述も引用しておく。「同じ物事にでも原因する仕方はいろいろありうる。たとえば同じ家について言うも、その家のできる運動の始まり〔始動〕は技術であり建築家であるが、それがなにのためにかというその終わり〔目的〕はできあがった家の家としての働き〔役割り〕であり、そしてその質料は土とか石とかであり、その形相は家のなにであるか〔本質〕を表わす説明方式である。[10]」

こうして較べてみると、ハイデガーによる質料因・形相因・目的因・作用因はアリストテレスの質料因・形相因・目的因・始動因、つまり作用因=始動因ということになるはずであるが、これについては後に銀の深皿と銀細工師を例にして説明される。

「長きにわたって人は、原因をなにかを引き起こすもの(das Bewirkende)として表象してきた。ここで引き起こす(Wirken)とは、結果とか効果を意味している。四因の一つである causa efficiens〔作用因〕は、すべての因果性を決定的な仕方で規定している。そして、causa finalis すなわち目的性を、もはや因果性とは考えなくなってしまった。causa とか casus は、cadere すなわち「落ちる」という動詞に属していて、なにかを結果として落着させるようにかくかくのやり方で引き起こすことを意味している。この四因説は、アリストテレスにまで遡ることができる。ところが、後世の人々が「因果性」(Kausalität)なる表象やタイトル(術語)の下にギリシア人のうちに探し求めるもののすべては、ギリシア人の思索の領域においてもギリシア人にとっても、作用するとか引き起こすとかということとはまったく関係のないものである。私たちが原因(Ursache)と言い、ローマ人たちがcausaと言っているものは、ギリシア人たちにはaitionと呼ばれているが、アイティオンとは、他者について責めを負う(verschulden)ところのものである。四つの原因とは、お互いに関連し合っている責めの負い方である。例を挙げて説明しよう。」(S.8)

ここで触れられているラテン語のcausaについては、ブレーメン講演の「物」で興味深い指摘がなされている。物(Ding)の語源をめぐる議論のうちで、ディングを派生させた古高ドイツ語ティング(thing)とラテン語のレス(res)との関わりが述べられているのであるが、ティングとは「集約・集合」という意味を有していて、その集約・集合とは、話題にのぼっている関心事、例えば係争事件の審議のために集合させるという意味であるとハイデガーは説く。つまりティングとは関心事を指し示す名称であって、人間になんらかの仕方で関わってくるもの、その関わりに応じて話題に上るものだというのである。そして、古代ローマ人は話題に上るものをレスと呼んだが、このレスの代わりに彼らはカウサ（causa）という語も使ったといい、「カウサには、もともとはじめは「原因」という意味など全然なかった。カウサとは、事件・場合という意味であって、だからこそ、何か事件が起きて現にそうなっているかくかくしかじかの事情、という意味になるのである。カウサが、レスとほぼ同義であり、事件という意味をもつがゆえにのみ、その後このカウサという語は、結果を引き起こす因果性〈Kausalität〉の意味での原因、という語義をおびることにもなった[11]」と述べられている。

この類の解釈はハイデガー特有の言語操作であり言葉遊びに過ぎないという批判が多くの人々によってなされているが、この記述の直前で彼はあらかじめ釘を刺している。「言語史上のこういった示唆は、往々にして、物の本質を思索している目下のわれわれのやり方を誤解にさらすことになりやすい。それというのも、一見すると、ティングという古高ドイツ語の名詞の意味がたまたま拾い上げられ、そこから、謂うところの物の本質なるものがいわばこねくり出されたかのように見えかねないからである。物の本質を経験しようとする目下の試みは、語源学上の勝手気ままなお遊びのうえに築かれたものにすぎぬ、との嫌疑がこうして頭をもたげてくる」と、批判される前に予防線を張っているのである。そして、「そういった懸念とは反対のことが実情なのである」と断言して憚らない[12]。

この段落では、ローマ人たちにカウサと呼ばれたものは「ギリシア人たちには aition と呼ばれているが、アイティオンとは、他者について責めを負う（verschulden）ところのものである」と説明されているが、「原因」のギリシア語の語源は、形容詞〈aitios〉（責めを負う、責任ある、原因たる）の女性形名詞〈aitia〉と、中性形の〈aition〉とがあり、ともに原意は「責めを負うもの」の意である[13]。

続けて、お互いに関連し合っている責めの負い方である四つの原因が具体例に即して説明される。

「銀は、銀の深皿がそこから製作されたものである。それは深皿の材料（hyle）として、深皿に関してともに責めを負っている。その深皿は、そこから成り立っている銀に対して負うところがある（schulden）、すなわち銀にお蔭を蒙っている。しかしその供犠の器は、ただ銀に責めを負っているだけではない。銀に責めを負っているものが深皿という外観（Aussehen）をとって、ブローチとか指輪の外観をとらずに深皿として現れてくる。このようにして供犠のための器は同時に、深皿という外観（eidos）に責めを負っているのである。深皿としての外観がそのなかに入りこむ銀も、銀が表す外観も、双方ともにそれなりの仕方で、供犠の器にともに責めを負っているのだ。

　しかし、とりわけて供犠の器に責めを負っている第三のものがある。それは、その深皿をあらかじめ奉納や寄進の領域に限定するものである。それによって、深皿は供犠の器として局限される。この局限が物を仕上げる（終了させる）のである。しかし仕上げをもって物は終了するのではなく、この終わりから、その物が製造された後にあるであろうところのものが始まるのである。この意味において、終らせるもの、完うするものはギリシア語で telos と呼ばれているが、このテロスという語は、あまりにもしばしば「目標」（Ziel）とか「目的」（Zweck）と訳されて誤解されやすい。この telos（終り）は、ともに供犠の器に対して責めを負っている材料と外観とに対して責めを負っているのである。

　最後に第四のものが、仕上げられた供犠の器がそこに用意されてあるということに対して責めをともに負っている。すなわち銀細工師である。しかし、彼が製作した結果として供犠用皿がそこにもたらされてあるわけではないので、銀細工師は causa efficiens（作用因）たりえない。

アリストテレスの教えは、この術語で呼ばれる原因なるものも、それに対応するようなギリシア語の言葉をも使ってはいない。」(SS.8-9)

一般的な四因説に即すならば、銀の深皿の材料＝質料は銀、外観＝形相は深皿、深皿の目的は供犠の器、そして銀の深皿を製作した銀細工師による作用ということになるはずであるが、ハイデガーは「銀細工師は causa efficiens (作用因) たりえない」として、さらに「アリストテレスの教えは、この術語で呼ばれる原因なるものも、それに対応するようなギリシア語の言葉をも使ってはいない」と述べる。さきに見たように、ハイデガーによる質料因・形相因・目的因・作用因という四因をアリストテレスの質料因・形相因・目的因・始動因と較べるならば作用因＝始動因ということになるはずであるが、アリストテレスは作用因なるものを認識していない。

「銀細工師は、責めを負う上述の三つの手法を、熟慮して呼び集めるのである。熟慮 (Über-legen) は、ギリシア語で legein, logos と呼ばれている。それは、apophainesthai すなわち明るみに持ち来たらすことである。銀細工師は、供犠用皿をもたらし自存させる最初の発端を得たものとして、責めをともに負っている。先述の三つの責めの負い方は、供犠皿の産み出し(Hervorbringen)のために現れ出てきてその役割を演ずる銀細工師の熟慮のお蔭を蒙っている。

このようにして、目前に用意されている供犠用の器には、責めの四つの負い方が統べられているのだ。それらは互いに異なりながら、しかも互いに連繫している。なにがそれらを前もって統一しているのか。四つの責めの負い方の協働は、どこで演じられるのか。四原因の統一はどこから生まれるのか。一体責めを負うということは、ギリシア的に考えて、なにを意味しているのか。」(SS.9-10)

伝統的な四因説に従った解釈ではなく、語源的に古代ギリシア語にまで遡った結果もたらされた「責めを負う」という見方からするならば、銀細工師の立場は質料・形相・目的と言われるような責めの負いを熟慮して呼び集めて供犠皿の産み出し＝もたらし＝製作（Hervorbringen）という役割を演じることになる。

さきに、「責めを負う」という奇妙な規定について「後世の人々が「因果性」(Kausalität）なる表象やタイトル（術語）の下にギリシア人のうちに探し求めるもののすべては、ギリシア人の思索の領域においてもギリシア人にとっても、作用するとか引き起こすとかということとはまったく関係のないものである。私たちが原因（Ursache）と言い、ローマ人たちがcausaと言っているものは、ギリシア人たちにはaitionと呼ばれているが、アイティオンとは、他者について責めを負う（verschulden）ところのものである。四つの原因とは、お互いに関連し合っている責めの負い方である」と語られた。

一般的には「責めを負う」という言葉は、ある過失に対して道徳的に代償行為を行うことを指示しているのだが、ハイデガーはこの言葉をギリシア語に遡って因果性と結びつけて「四つの原因とは、お互いに関連し合っている責めの負い方である」と説明している。つまり、この言葉をたんなる代償行為として理解するだけでは、因果性の始原的な意味への道を閉ざすことになり、引いては因果性に基づいているインストゥルメント的なるものを見極めることは不可能になるという考え方である。

ここで一般的な理解のされ方との違いをはっきりさせるために「責めを負う四つの在り方を、それがなにに責めを負っているかという観点から明らかにしよう」とするのが、次の段階となる。(B) これまでの例に従えば、四つの原因は銀の杯が儀礼のために用意されてそこに置かれているということに責めを負っているのであり、そこに用意されて置かれていること（hypokeisthai）とは、現前するもの（Anwesendes）の現前を性格づけていることになる。つまり、責めの四つの負い方とは、あるものを明るみ（Erscheinen）へともたらすことであり、あるものを現‐前（An-wesen）に向かって導くことなのである。そして、そこに解き放たれたものは、完成された到来（Ankunft）へと誘われる。要するに、「責めを負う」ことの根本的な性格とは、到来への誘い（An-lassen）なのであり、このような誘いという意味において、責めを負うとは誘い出す（Ver-an-lassen）ということになる、と述べられる。

ギリシア人が「責めを負うこと」すなわちアイティア（aitia）のなかに経験したことがらを見据えるならば、私たちは、この「誘い出す」という語により包括的な意味を与えることができ、それをギリシア人の考えた因果性の本質とすることが可能となる。「誘因」（Veranlassung）という語をここでも一般的・慣用的な意味として理解してしまうと、因果性全体における一種の副次的原因を指示するだけのこととなる。

このように、伝統的かつ通俗的な四因説に代わる解釈としての「責めを負う」ということを、日常的な用語法で考えてはいけないとハイデガーは注意を促すのである。「私たちは問わなければならない――インストゥルメント的なものとは一体なんなのか。手段とか目的といったことがらは、いかなるところに属しているのか。手段とは、それによってなにかを引き起こしてなにかが得られるようにするものである。引き起こして結果を伴うものが、原因と呼ばれている。だが、なにかを引き起こすものだけが、原因とは限らないのである。目的が追求され手段が選ばれるところ、インストゥルメント的なものが支配するところでは、因果関係（Ursächlichkeit）つまり因果性（Kausalität）が統治している」として始められた「技術への問い」は、語の日常的な用法を排除して始原的な意味への道を辿ろうとする。

ところで「責めを負う」ことについては、『存在と時間』第二篇「現存在と時間性」第五八節「呼びかけの了解と責め」における記述があることに注意しよう。現存在が本来的に存在しうることの証しを求めることは『存在と時間』の主題のひとつであるが、そのような証しとして要求されているのが、現存在の日常的な自己解釈において熟知されている「良心の声」である。(14)「良心という「事実」には議論の余地があり、現存在の実存に対する良心の審判機能は異なった評価をうけており、また「良心の語るのは何か」もさまざまに解釈されているのであって、そのために、この現象を放棄してしまいたくなるほど」(15)だが、「良心を、基礎的・存在論的意図をもった純粋に実存論的な根本的探求の主題的な予持のなかへ設定する」(16)として、良心の実存論的な基礎と構造とが明らかにされるのである。そして、このような現存在に対する良心の呼び声の了解が、「呼びかけの了解と責め」として規定されることになる。

現存在の存在が気遣いであることは、現存在の存在機構の開示によって知られている。「気遣いは、現事実性〔被投性〕、実存〔企投〕、および頽落を、それ自身のうちに含んでいる」[17]のであるが、「呼び声は気遣いの呼び声」であり、「その存在が気遣いである存在者は、現事実的な責めを背負いうるばかりでなく、おのれの存在の根拠において、責めある存在なのであって、このような責めある存在が、現存在が現事実的に実存しつつ責めあるものとなりうることにとっての存在論的条件を、はじめて与える」[18]とされている。

『存在と時間』における責めは、現存在をそれ自身の本来的存在から基礎づける立場から規定されたものであって、まさに「責めを負うということを過失として道徳的に理解したり、あるいはある種の作用として説明しがち」としてここでは排除された態度に近接している。しかし、存在からの「呼び求める促し」に軸足を「転回」させた後のハイデガーの立場では、「責めを負う」ことの意味合いも大きく変わったと言えよう。

だが、ギリシア人が「責めを負うこと」すなわちアイティア（aitia）のなかに経験したことがらを見据えるならば、私たちは、この「誘い出す」という語により包括的な意味を与えることができるのだが、ギリシア人の考えた因果性の本質とすることが可能となるとされた「誘い出す」という四つの在り方の協働は、一体どこで行なわれるのだろうか。

ハイデガーはプラトン『饗宴』の一節（205b）を引用して次のように説明する。[c]「誘い出す」という四つの在り方の協働は、未だ現前していないもの（nicht Anwesende）を現前（Anwesen）へと到来させるものであるから、それらは、現前するもの（das Anwesende）を明るみ（Vorschein）に持ち来たらすところの持ち来たらし（Bringen）によって、統一的に統べられているのである。この持ち来たらしをプラトンは、"he gar toi ek tou me ontos eis to on ionti hotoun aitia pasa esti poiesis."（現前していないものから現前するものへ移行し進み出る（über-und vorgehen）ために誘い出すことはすべて、ポイエーシスであり、産み出すこと（Her-vor-bringen）である）（S.11）と。

プラトンのギリシア語からの訳文はハイデガーによるものであるが、念のために岩波書店版「プラトン全集」から鈴木照雄訳を引いておくと、「いかなるものであれ非存在から存在へ移行する場合その移行の原因はすべて、創作（ポイエーシス）です」（『饗宴』「プラトン全集5」岩波書店、一九七四年、八四頁）とあり、アイティア（aitia）は「原因」と訳されている。

ここで「現前」という訳語を選び取った〈Anwesen〉であるが、この語は「現存」と訳されることもある。『存在と時間』では、存在者の存在の古代的解釈に関連してパルウーシア（臨在 parousia）もしくはウーシア（真実在 ousia）が〈Anwesenheit〉（現前性・現存性）であるとされているだけであるが、後期の思索においては重要な位置を占めている。例えば、一九五二年夏学期の講義では「現前すること」についてたびたびふれられており、「我々はただ「有るもの」や「有ること」という慣れた単語を、「現前するもの」や「現前すること」というもっと慣れていない単語によって、取り換えるに過ぎない。それにも拘わらず我々は次のことを承認せざるを得ない。即ちそれは、「有ること」という語は我々にとって、不断にあらゆる可能な無規定的意義の内に消え失せるが、それに対して「現前すること」という語は即座に、現前するもの、即ち我々に現在するものを、一層明瞭に語るということである。現前と現前性とは現在を謂う。現在とは、向かって滞留すること〈Entgegenweilen〉を意味する」[19]とされている。

ここで言われている「有るもの」は〈Seiendes〉また「有ること」は〈sein〉であり、「現前するもの」は〈Anwesendes〉また「現前」は〈Anwesen〉である。

「すべては、私たちがこの「産み出す」ということを、ギリシア人が思索するという意味で包括的かつ同時的に思索することにかかっている。産み出すことすなわちポイエーシスは、たんに職人的な製作でもなければ、また芸術的詩的に詠んだり形象を持ち来たらすことではない。同じように、自ら-然か-成ること（das von-sich-her-Aufgehen）であるピュシス（physis, 自然）もまた、「産み出す」ことポイエーシスである。そればかりか、ピュシスは最高の意味においてポイエーシスである。なぜなら、ピュセイ（physei）（自然に）に現前しているものは、例えば、花がその開きをそれ自身のうちにもっているように、産み出す打ち開きを自らのうちに（en heauto）もっているからである。これに反して、手工的または芸術的に産み出されたもの、たとえば銀の深皿は、産み出すことの打ち開きをそれ自身のうちにではなく、むしろ他のもののうちに（en allo）、すなわち職人や芸術家のうちにもっている。

だから誘い出す在り方つまり四つの原因は、産み出すということの内部で動くのだ。この産み出しを通じて、自然の生成も手工芸や芸術も、同じように現れ出るのである。」（S.11）

「ギリシア人が思索するという意味で包括的かつ同時的に思索する」というのは、ハイデガー哲学の基本的立場であることは言うまでもない。「制作」と訳されることの多い「ポイエーシス」（poiesis）であるが、アリストテレスは人間の精神活動を「見る」（theoria）、「行なう」（praxis）、「作る」（poiesis）すなわち「観想・理論」「行為・実践」「生産・制作」に大別したことはよく知られている。

「産み出すことすなわちポイエーシスは、たんに職人的な製作でもなければ、また芸術的詩的に詠んだり形象を持ち来たらすことではない」との指摘は、本論「技術への問い」の結語において再び論じられることになる。

「しかし産み出すということは、それが自然においてであろうと、手工芸や芸術においてであろうと、どういうふうに生起するのか。誘い出す四つの在り方がそのなかで演じられる、産み出すこととはなにか。誘い出すということは、産み出すことのうちでそのつど現れ出てくるものの現前（Anwesen）と関わり合うことである。産み出すということは、隠蔽（伏蔵）されていること＝隠蔽性（Verborgenheit）から隠蔽（伏蔵）されていないこと＝非隠蔽性（Unverborgenheit）へともたらすことである。産み出すことは、隠蔽されたもの（das Verborgene）が隠蔽されていないもの＝開示されたもの（das Unverborgene）に到る限りにおいてのみ生起する。このような到達（Kommen）とは、私たちが発露（das Entbergen）と呼んできたことに属するとともにそこで響き合うものである。ギリシア人はそれに関してアレーテイア（aletheia）という語をもっている。ローマ人はそれを訳してウェリタス（veritas）とした。私たちはそれを「真理」（Wahrheit）と言って、通常は表象の正しさ（Richtigkeit）と理解している。」（SS.11-12）

ここでは「現前性」との関わりで真理が論じられている。「産み出すということは、隠蔽（伏蔵）されていること＝隠蔽性（Verborgenheit）から隠蔽（伏蔵）されていないこと＝開示性（Unverborgenheit）へともたらすことである」とされており、〈Unverborgenheit〉には「隠蔽」「開示」という日本語の語感に即して「開示性」という訳語を当てたいところであるが、「開示性」は『存在と時間』などで〈Erschlossenheit〉の訳語として使われているので、「隠蔽性」との対比で「非隠蔽性」とした。「アレーテイア」については次節で触れる。

2　ゲシュテル（Ge-stell）

ここまでは技術の本質と技術との峻別が考察されてきた。技術は目的のための手段であるという通念を批判するために、「手段とは、それによってなにかを引き起こしてなにかが得られるようにするものである。引き起こして結果を伴うものが、原因と呼ばれている」という理解から、原因と結果とを結びつける因果関係つまりは因果性についての検討が加えられてきたのである。伝統的な四因説にもとづく因果性の理解が、プラトンとアリストテレスの学説を参照しながら排除され、さらにはギリシア的なポイエーシス概念が導き出されて隠蔽性と非隠蔽性へと議論は進んできた。

本節では、非隠蔽性をギリシア人の言うアレーテイア、ローマ人のウェリタスそして現代ドイツ語のヴァールハイトと結びつけながら、テクネー（技術）への問いかけがなされて「技術への問い」の核心をなすゲシュテル（Ge-stell）は先に触れたように、「仕組み」「立て - 組」「組 - 立」「仕 - 組み」「全 - 仕組み」「集 - 立」「立て集め」「総かり立て体制」「巨大 - 収奪機構」「挑発性」などさまざまに日本語訳されている語であるが、ゲシュテルという語にあえて深い意味を付与する理由が展開されることになる。

「だが、私たちは何処へ迷いこんでしまったのだろう。私たちは技術について問うてきたのであり、今、アレーテイアつまり発露に辿りついた。技術の本質が発露（開蔵）（Ent-bergen）となんの関わりがあるのか。答えは、すべてに、である。なぜなら、露わに発くということのうちに、産み出すこと（Her-vor-bringen）はすべての根拠をもっているからである。ところが産み出すことは、自らのうちに誘い出すという四つの在り方――因果性――を呼び集め、しかも絶えずそれらを統べているのである。この因果性の領域に、目的と手段が属し、そしてインストゥルメント的なるものが属している。インストゥルメント的なるものが、技術の主要な特徴と考えられているものである。手段として考えられている技術が一体なにかと一歩一歩問うていくと、発露に到達する。すべての生産的な制作の可能性は、発露のうちにある。

それ故に、技術は単なる手段ではない。技術は発露の一つの在り方である。このことに注意するならば、技術の本質に関するまったく異なった領域が現れてくる。それが、発露すなわち真理の領域である。」(S.12)

「産み出すことは、隠蔽されたもの(das Verborgene)が隠蔽されていないもの＝開示されたもの(das Unverborgene)に到る限りにおいてのみ生起する。このような到達(Kommen)とは、私たちが発露(das Entbergen)と呼んできたことに属するとともにそこで響き合うものである」という文章に続く段落であるが、ここで言われている「アレーテイア」とは「真理」のことである。アレーテイアは『存在と時間』でも真理の根源的現象として触れられていた。「真理存在〔真理〕とは、暴露(entdecken)しつつあることにほかならない。だが、このことは真理のこのうえなく気まま勝手な定義ではなかろうか。〔中略〕一見気まま勝手に見える定義も、古代哲学の最古の伝統が、根源的に予感し、前現象学的に了解していた当のものの必然的な学的解釈しか含んでいないのである。アポファンシス〔見させる〕としてのロゴスの真理存在は、アポファイネスタイという仕方におけるアレーテウェインなのである、すなわち、存在者を――秘匿性のうちから取り出しつつ――その非秘匿性〔被暴露性〕において見させるということなのである。アレーテイアは、アリストテレスによって、〔中略〕プラグマとかファイノメナとかに等置されているのだが、「事象自身」を、つまり、おのれを示す当のもの、すなわち、おのれがどのように暴露されているのかを示された存在者を、意味する」[20]のである。

因みにハイデガーの解釈では、アレーテイアとは忘却を意味するレーテーに打ち消しの前綴のアを付したもので非・忘却を意味していることになる。レーテー（Lethe）とはギリシア神話における冥界の河の名で、死者はこの河の水を飲んでこの世の記憶を忘れるとされている。

ところで、これまで手段として考えられている技術がなにかと問うてきて、発露に到達した。すべての生産的な制作の可能性は発露のうちにあり、従って技術は単なる手段ではない、というのが当面の結論である。このような考察によって、技術の本質に関するまったく異なった領域が現れてくる。それが、発露すなわち真理の領域なのである。

2　ゲシュテル（Ge-stell）

「このような展望は、私たちに奇異の感を抱かせるものである。しかし、展望はそうあるべきで、「技術」（Technik）と名指されるものがなにかという素朴な問いが、最終的に真剣に取り上げられるまで可能な限り永続的に問い詰めなければならない。この語はギリシア語に由来する。テクニコン（technikon）は、テクネー（techne）に属していることを意味する。この語の意味に関して、私たちは二つのことに注目すべきである。一つは、テクネーは職人の行為や技倆に対する名称であるばかりではなく、高度の芸術や美的な学芸に対する名称でもある。テクネーは産み出すことすなわちポイエーシスに属している。それはなにか詩作的なもの（etwas Poietisches）である。」（S.12）

テクネーは、アリストテレスでは理論的認識や実践知などよりも下位の制作関係の技能と解されてくるようになるが、もともとは「個別的な感覚的経験にくらべて、より多く学的・理論的に、普遍的な原則を心得ている者の知能、たとえば医学者ヒポクラテスの医術（医学的知識）のごときである」[21]と指摘されているように、理論的・思索的要素を備えていた。ハイデガーはここで、このテクネーという語がプラトン以前からエピステーメー（episteme）という語と連携してきたことに注目する。[D]テクネーとエピステーメーとは、ともに認識（Erkennen）を指す語であり、あることに通暁していること、なにかを熟知していることを意味するものであると指摘する。認識とは解明・解説（Aufschluss）であり、ハイデガー流に言うならば、解明するものとしての「発露」（das Entbergen）ということになる。

ハイデガーは、アリストテレスは『ニコマコス倫理学』において、エピステーメーとテクネーとをなにを如何に発露するかを基準にして区別したとして、次のように論じる。すなわち、「テクネーは、アレーテウエイン（aletheuein）（露わに発く）の一つの在り方である。それは、自身では産み出さず未だ現前しないもの、さまざまな見え方をとって結果するであろうものを、露わに発くものである。家や船を建造したり、祭儀の皿を鋳造したりする人は、誘い出しの四つの在り方に従って、産出すべきものを露わに発くのである。この発露ということは、船や家の見え方と材料とを、完成されたものとして心に描かれた仕上げのものに向けて、あらかじめ呼び集めることである。このようにテクネーにおいて決定的なことは、製作や操作のうちにあるのでもなければ、手段の使用のうちにあるのでもなく、先述の発露のうちにあるのである。製作することではなく、まさに発露として、テクネーは産み出す」（S.13）と。

ここでアリストテレスにおける該当箇所を見ておくと、『ニコマコス倫理学』第六巻第三章でテクネーとエピステーメーについて、知性的徳を知恵（sophia）、認識（episteme）、理性（nous）、思慮（phronesis）、技術（techne）の五つに区別して論じている。続く第四章においては、行為

（プラクシス）は制作（ポイエーシス）でなく、制作は行為ではないとしつつ、「建築は一つの技術（テクネー）であるし、まさしくまた一つの「ことわりを具えた制作できるという状態（ヘクシス）」でもあるのであって、およそ「ことわりを具えた制作できるという状態」ならぬ技術はなく、技術ならぬこのような性質の「状態」はないのであるからして、当然、技術（テクネー）というものは「その真を失わないことわりを具えた制作可能の状態」と同じものでなくてはならない」[22]と述べている。

ハイデガーはアリストテレスに依拠しながら、ギリシア人たちがテクネーという語でなにを意味し、彼らがテクネーをどのように定義しているのかという示唆は、「インストゥルメント的なるもの」が本当はなにかという問いを追究しているときに明らかになったのと同じ連関へと私たちを導いてくれるのだと述べる。そして、「技術は露わに発くことの一つの在り方である。技術は、発露（Entbergen）と非隠蔽性（Unverbogenheit）が生起する領域、すなわちアレーテイア、真理（Wahrheit）が生起する領域のうちに存在している（wesen）のである」（S. 13）と指摘する。つまり、ハイデガーにとってテクネーとは、「アレーテウェイン」（aletheuein）、すなわち存在者を隠蔽性のうちから取り出しつつ、その非隠蔽性（真理）において見させる一つの在り方なのである。そして、「自身では産み出さず未だ現前しないもの、さまざまな見え方をとって結果するであろうものを、露わに発く」ものなのである。

ここまでの議論はプラトン以前およびプラトン、アリストテレスの学説に依拠して展開されてきた。ハイデガーは一般的あるいは常識的な因果性理解を根底から突き崩すことで、技術が産出する「インストゥルメント的なるもの」の本質を見極めようとするのであるが、それを支える根底的な思索はまさに彼の「存在への問い」そのものである。それが一般的あるいは常識的な見解と大きく隔たっているばかりか、それは近代技術には適用できないと当然のように反駁されるであろうことを、十分に承知して次のように問いかける。「技術の本質領域のこのような規定に反対して、人は異議を申し立てるであろう。すなわち、それはギリシア人の思索には当てはまるだろうし、また職人的技術にも上手く適用できるかも知れないが、近代の動力機械技術については適切ではないと」(S.13)。

2　ゲシュテル (Ge-stell)

だがハイデガーは反論する。今日の動力機械技術こそが、この技術こそが、技術についての問いへと私たちを駆り立て、不安に陥れているものなのである。「近代技術は近代の精密な自然科学に基づくがゆえに、それに先立ついかなる技術とも比較を絶して異なるものである」と人は言うかも知れない。だが、事実は逆である。つまり、近代物理学は実験物理学としての技術的装置やその装置製作における進歩に依存しているのであって、技術と物理学とは相互に密接な関係にある。だが、これまでその事実についての歴史記述によって確立された、つまり近代の科学技術史をいかに述べ立てたとしても、この相互関係の根拠がどこにあるかはまったく不明であるばかりか、決定的な問いが残されたままである。重要なことは哲学的「根拠」なのであって、「近代技術が精密な自然科学の使用を思い付くに至ったのは、どのような本質に依るのだろうか」という問いが残されているのである。(E)「近代技術とはなんであろうか。それは発露である。この主要な特徴に私たちの注意を向けるとき、初めて近代技術における新しさが姿を見せてくるのである」(S.14)。

「近代技術を通じて支配している発露ということは、ポイエーシスという意味での産み出し(Her-vor-bringen)のうちに展開しているのではない。近代技術のうちを支配している発露は、一つの挑発(Herausfordern)であり、それとして搬出され貯蔵されうるようなエネルギーを供給するよう自然に対して理不尽な要求を突きつけるものである。しかし同じことは、昔の風車についてもいえるではないか。否。まさに風車の羽は風によって回転するのであるが、まったくの風まかせである。風車はしかしながら、エネルギーを貯蔵するために気流を開発（erschliessen）することはない。

これとは対称的に、ある地域は石炭や鉱石の採掘のために挑発される。その大地はいまや石炭鉱区として、土壌は鉱床として、自らを露わに発いている。かつて農夫が耕作して（bestellen）いた農地は、耕作することが手入れすることと世話をすることであった頃とはすっかり様変わりしている。農夫の仕事は、農地を決して挑発しない。穀物の種蒔きにあっては、種の生長力に委ねて育ちを看守るのである。しかし、農地の耕作さえも、自然を立たせる（stellen）というまったく別種の仕立て（Bestellen）の渦の中に巻き込まれてしまった。それは、挑発という意味において自然を立たせる（stellen）。農業は今日では、機械化された食品工業である。空気は窒素を産出するように立たされ、大地は鉱石を、鉱石は例えばウランを、ウランは原子力を産み出すために立たされて破壊あるいは平和利用のために解き放たれる。」（SS.14-15）

「近代技術を通じて支配している発露ということは、ポイエーシスという意味での産み出しのうちに展開しているのではない。近代技術のうちを支配している発露は、「一つの挑発」であるとハイデガーは述べる。近代技術を支配している真理は挑発であるとして、その挑発の例が枚挙される。その例証の過程で「ゲシュテル」（Ge-stell）という語に集約されていく〈stellen〉が登場してくる。

ここで引かれている鉱区や農地の例はブレーメン講演でも、「立てる・かり立てる〈stellen〉」という語が「表象して - 立てる〈vor-stellen〉」とか「制作して - 立てる〈her-stellen〉」といった言い回しからは見極めることのできない射程がひそんでいて、その射程にわれわれの思索が太刀打ちできるかどうか疑ってみる必要があるとして具体例が述べられている。

「立てるとは、ここでは、挑発する、徴発する、みずから出頭するように強いる、ということを言う。こうした立てるはたらきは、召集〈Gestellung〉という形で起こる。召集命令において召集が人間に宛てられるのである。だが、現前的にあり続けるものの全体のうちで、人間だけが、召集からの掛かり合いにさらされる唯一の現前的にあり続けるもの、というわけではない」[23]との指摘がまずなされる。ここで徴発、召集、召集命令という軍隊用語に近い語が使われていることから、ハイデガー技術論へのエルンスト・ユンガー「総動員」（一九三〇年）の影響も指摘されている[24]。

「ある地域がかり立てられる」とハイデガーは言う。「たとえば、その地域に露出して立っている石炭や鉱物をめあてにかり立てられる。鉱石が露出して立っていることは、おそらく、そのようなかり立てるはたらきの視界のうちにすでに表象して立てられてしまっており、またこの視界からしか表象して立てることができない。露出して立っている鉱石は、そのようなものとしてすでに、かり立てられることに関して査定されてしまっている。そうした鉱石が、挑発され、またそれに応じて開発されるのである。この地表は、そのようなかり立てるはたらきのうちへ算入され、このはたらきに見舞われている。地表は、徴用して‐かり立てられ、召集とともに襲われているのである。われわれは今後、徴用して立てる〈bestellen〉という語を、以上のような意味で理解することにしたい。」

　以下、農地の例について述べられ、「いまや農業は、機械化された食料産業となっており、その本質においては、ガス室や絶滅収容所における死体の製造と同じものであり、各国の封鎖や饑餓化と同じものであり、水素爆弾の製造と同じものである」と締めくくられる。このブレーメン講演において、「ガス室や絶滅収容所における死体の製造」が機械化された食糧産業である農業と並置されたことについては、フィリップ・ラクー＝ラバルトやジョージ・スタイナーたちが「ハイデガーとナチズム問題」の一環として議論しているが、ここではそれを指摘するにとどめる。

2　ゲシュテル（Ge-stell）

「自然エネルギーを挑発するこの立たせは、二通りの意味における促進（Fördern）である。それは、打ち開き外へと立て（herausstellen）ながら促進する。しかもこの促進はさらに別のものを促進するように、すなわち最小限の消費で最大限の利用へと前進的に駆り立てるように、あらかじめ仕立てられている（abstellen auf）のである。採掘鉱区で促進された石炭は、どこかでただ貯蔵するために供給された（stellen）のではない。それは貯蔵されて（lagern）いるのであり、すなわち、石炭のうちに蓄えられた太陽熱を供給するために準備されて待機している（Stelle für die Bestellung）のである。それは高熱へと挑発され、その高熱は蒸気を供給するべく仕立てられ、それが駆動装置を動かし、工場は操業し続ける。」（S.15）

自然エネルギーを挑発する立たせには、二通りの意味における「促進」があるという。打ち開き外へと立てる（herausstellen）促進は、同時に、最小限の消費で最大限の利用へと前進的に駆り立てるように別のものを駆り立てるという、駆り立ての連鎖が働いているのである。しかし、今日の私たちの常識からするならば、この順序は逆であろう。工場は操業するために熱源を必要とし、その熱源は石炭から供給される。石炭を効率よく獲得するためには、まず資源の豊富な鉱区が探査される。そのような鉱区が発見されれば、道路をはじめとするインフラが採掘のために整備される。つまり、まず工場というものがあって、そこから熱資源を提供する鉱区に至ると考えるのである。

ブレーメン講演においては、この点について改めて注意を促している。「かり立てる一方のはたらきが、他方のはたらきを徴発し、召集とともに見舞う。この召集は、かり立てるさまざまな作用がたんに継起的に並ぶ、といった仕方で行なわれるのではない。召集は、その本質からして、こっそりと、かつ前もって起こる。だからこそ召集は、個々の特殊なかり立てるはたらきをそれぞれ個別的にあらかじめもくろむという点に関して、召集によって使用できるように計画を立案し方策を決定することを可能とする」[25]。

ついで議論は、「水力発電所がライン河の流れの中に仕立てられ（gestellen）ている。それは、水圧を提供するように仕立てられ、水圧はタービンを回転させるように仕立てられ、回転が機械を駆り立て、駆動装置が電力を造り（herstellen）、そのために広域電力供給発電所と送電網が仕立てられている。このように絡み合った電力エネルギーの仕立て（Bestellung）の過程の領域に、またラインの流れさえも仕立てられたものとして現れている」（S.15）に始まるライン河の発電所とヘルダーリンのライン河讃歌をめぐる有名な思索に辿りつく。(F) 水力発電所がライン河中に建設されているのであるが、ハイデガーから見ればそれは「流れの中に仕立てられ（gestellen）ている」のである。水力発電所は、「水圧を提供するように仕立てられ、水圧はタービンを回転させるように仕立てられ、回転が機械を駆り立て、駆動装置が電力を造り（herstellen）、そのために広域電力供給発電所と送電網が仕立てられている。このように絡み合った電力エネルギーの仕立て（Bestellung）の過程の領域に、またラインの流れさえも仕立てられたものとして現れている」のである。

ライン河の流れの中には、数百年来、河岸と河岸とを結んできた古い木橋のようにいくつもの橋が架けられているが、それは河の流れを塞ぐことなく河と共存してきた。しかし、ライン河の流れの中に建設された水力発電所は、河の流れを塞ぐことによって水圧を高め、その水圧がもたらす力によってタービンを回転させて発電を行っている。「すなわち、河の流れが水圧供給者であることは、発電所の本質による」のであり、この本質は技術という無気味なるものを朧気ながら示しているのである。

「ここを支配している無気味なるものを朧気ながらも計り知るために、二つのタイトルで表現されている対照に、しばし心を留めてみよう」とハイデガーは提案する。二つのタイトルとは、発電所（*Kraftwerk*）で塞がれている「ライン河」と、ヘルダーリンの同名の讃歌である芸術作品（*Kunstwerk*）で語られている「ライン河」である。発電所（*Kraftwerk*）と芸術作品（*Kunstwerk*）とでは、ドイツ語での綴りは非常に似ていてもまったくの別物である。ライン河の水力発電所と詩篇「ライン河」とを並置させようとするハイデガーの意図は、たんなる語呂合わせではないだろう。

ヘルダーリンの「ライン河」については、一九三四／三五年冬学期のフライブルク講義がよく知られている。[26] この講義録の冒頭で、ヘルダーリンについてハイデガーは次のように語る。「彼のことはなお長く秘されたままにしておかねばならない。ことに今日のように、彼に対する「興味」が高まり、「文学史」が新しい「テーマ」を探しているようなときには。今日「ヘルダーリンと彼の神々」について書かれたりしている。これは恐らく最もはなはだしい誤解であって、この誤解のために、ドイツ人の前にようやくこれから姿を現わそうとしているこの詩人を、永久に作用圏の外に逐い払ってしまうことになるのだ。それも、今こそようやく彼を「正当に」扱うのだという見せかけのもとに。まるで彼の作品がそうされることを必要としているかのようであるが、とりわけそれを行っているのは今日徘徊している悪しき審判者たちである。彼らはヘルダーリンを「歴史学的」に解し、そのため、いまだおのが時間空間を持たぬ彼の作品は我々の歴史学的所行をすでに乗り越えていて、別の歴史の元初を基づけているという、あのまたとなく本質的なことを見損なっているのだ。この別の歴史とは、神は降臨するのかそれとも遁走するのかという決定をめぐる闘いから始まるのである。」

巧妙であるとともに強引な解釈として、文学者たちから批判を浴びてきたハイデガー特有のヘルダーリン理解の中核がここには現れている。また、「神は降臨するのかそれとも遁走するのかという決定をめぐる闘い」は、神学から出発して哲学へと進路を変えたハイデガーの根源にひそむ永遠の問いであろう。しかし、ヘルダーリンに傾倒する哲学者が詩人を介してライン河に抱く心象風景は、水流を塞いで発電する近代的な電力工場とは遙かに懸け離れたものであるはずだ。

数百年来、河岸と河岸とを結んできた古い木橋も近代的な水力発電所も、ライン河の景観に過ぎないと言って人は反論するだろう。それはそうかも知れないが、「しかし如何にしてそうなのか。それは、余暇産業がそこに仕立てた（bestellen）ツアー客のための観光用の対象物以外の何ものでもないのである」(S.16) と憂いを帯びて語る口調には、たんなる語呂合わせと言い切るには忍びないものがある。

「近代技術を隈なく支配している発露は、挑発という意味において立たせる (Stellen) という特性をもっている。この挑発がなされるのは、自然のうちに蔵されているエネルギーが解き放たれ、それが変容され、変容されたものが貯蔵され、それがさらに分配され、さらに新たに転換されることによる。解放、変容、貯蔵、分配、転換は、発露のさまざまな在り方である。しかし、それは簡単に行くものではない。また、定めがたいものへと流れ行くものでもない。発露は、それ自身のさまざまに絡み合った幾重もの道を、自ら制御することを通じて、自らに露わに示すのである。この制御すらも、至る所で自らによって確保される。制御と確保さえも、挑発する発露の主たる特性になっていくのである。

では、どのような非隠蔽性 (Unverborgenheit) が、挑発し仕立てることで成就されることに特有なのであろうか。それは至る所で、仕立てのために仕立てる (auf der Stelle zur Stelle) ために、さらには次の仕立てのために自ら準備して立っているように、仕立てられるのである。このようにして、仕立てられるもの（Bestellte）は、自らに特有な立場（Stand）を有している。私たちは、それを在庫（Bestand）と名づけている。この語はここでは、単なる「在庫品」（Vorrat）以上で、より本質的なものを言っているのである。この「在庫」(Bestand)という語は、今では特権的な名称である。この名称は、挑発的な発露に狼狽したすべてのものの現存する在り方を、まさしく示すものである。この在庫という意味において立つものは、もはや私たちに対して対象として立つものではない。」(S. 16)

自然のうちに蔵されているエネルギーが、解放、変容、貯蔵、分配、転換といったプロセスを経て露わに暴き出されてくる。露わな暴き出しとしての発露は、それ自身のさまざまに絡み合った幾重もの道を、自ら制御しながら自らに露わに示すのである。この制御と確保さえも、挑発する発露の主たる特性なのである。近代技術の真理（非隠蔽性）とは、「仕立てのために仕立てる」それも連鎖的に仕立てるものである。そして、仕立てられたものは「在庫」（Bestand）となって、さらに仕立てられることに対して待機する。

〈Bestand〉は、第一義的には「存続・存立」あるいは保有量などを表しているが、ここでは「在庫品」（Vorrat）との対比で「在庫」という訳語を選択した。他に、「徴用して立てられた物資」あるいは「徴用物資（の在庫）」という訳し方もある[27]。また、在庫として仕立てられたものは、対立的物象としての対象（Gegenstand）という資格を失う。ブレーメン講演によれば、対象とは「われわれがそれをわれわれの前に立てて表象する」ものであり、「表象して立てるはたらき〈Vorstellen〉の対象となることに存している」が、制作ということの関わりで言うならば、「対象〈Gegenstand〉と言う代わりに、正確を期して、産出に由来する物象〈Her-stand〉という言葉を用いることにしたい[28]」とある。

この「在庫という意味において立つものは、もはや私たちに対して対象として立つものではない」と規定することについて、航空機を例にして説明がさらに付加される[G]。例えば、「滑走路に立つ航空機はやはり対象ではないのか。その通り。私たちはその航空機を、それなりに対象として表象することはできる。しかしそのとき、航空機がなんであり如何にあるかということは隠されている。航空機は、輸送の可能性を確保するように仕立てられた限りにおいて、ただ在庫としてのみ露わにされて滑走路上に立っているのである」。在庫としてのみ露わにするために、航空機は、いつでも離陸できるように、その構造と構成部品のすべてが仕立てられて待機しているのである。

私たちは、近代以降の意識哲学の伝統に従って主観‐客観図式を記述に用いがちである。この観点からすれば、滑走路に駐機している航空機は視覚的「対象」として私たちの視野に収められているのだが、ハイデガーによれば、それは「対象」ではなく私たちのなんらかの用途に役立つべく「在庫」として仕立てられていることになる。ついで、機械を自律的な道具として定義したヘーゲルに触れて、機械を手工芸の道具として見れば彼の特徴づけは正しいが、このように自律的な道具として定義してしまうと、機械は、それが属しているところの技術の本質から考えられたものではなくなる。「機械は、仕立て可能なものを仕立てることによってのみ自分の立場を持ちうるのだから、在庫という観点からすれば機械はまったく非自律的なものである」(S.17) と述べる。

「いま私たちが、近代技術を挑発的な発露として示そうとするたびに、「立たせる」(stellen)、「仕立てる」(bestellen)、「在庫」(Bestand) といった語が押しかけてきて、無味乾燥で単調な、そして抑圧的に繰り返されるのは、ここで語られていることに理由がある。私たちが現実 (das Wirkliche) と呼んでいるものを在庫として露わにすべく、挑発的に立たせること (das herausfordernde Stellen) を誰が遂行しているのか。明らかに人間である。一体どの程度まで人間に、そのような発露ができるのか。確かに人間は、あれこれをしかじかに考えたり形成したり取り運ぶことはできる。しかし、現実がそのつど自らを示したり拒んだりする非隠蔽性（Unverborgenheit）を、人間は制御できないのである。プラトン以来、現実はイデアの光のうちで示されてきたが、それはプラトンが創り出したものではない。思索者はただ、彼に語りかけたものに応じて語っただけである。

仕立ての発露が生起するのは、人間自身が自然エネルギーを開発するよう既に挑発されている限りにおいてである。人間がこのように挑発され仕立てられているのであれば、自然よりもさらに根源的に在庫に属しているのは人間ではないだろうか。人的資源（Menschenmaterial）とか病院の臨床例（Krankenmaterial）といった流行語は、その例証である。森の中で伐採された材木を測ったり、一見したところ彼の祖父と同じような仕方で同じ森の道を歩む森番は、彼がそれを知ろうと知るまいと、今日では木材加工産業によって仕立てられているのである。彼は木材繊維を仕立てうるよう仕立てられ、それは新聞やグラフ雑誌に用いられる紙の需要によって挑発されているのである。ところがこれらの新聞や雑誌は、世論の設定を要求通りに仕立てやすくして、世論が印刷されたものを鵜呑みにするように駆り立てるのである。しかし人間は、自然エネルギーよりも仕立ての過程に向けて根本から挑発されているために、単なる在庫ではありえない。人間は技術を取り扱うことで、発露（Entbergen）の方途としての仕立てに参加する。しかし、主体としての人間が客体に関わるときに、いつでも必ず通過しなければならない領域と同じように、仕立てがそこで展開される非隠蔽性（Unverborgenheit）は、決して人間が創ったものではないのである。」（SS.17-18）

現実と呼んでいるものを在庫として露わにすべく、挑発的に立たせることを遂行しているのは明らかに人間である。しかし、人間はあれこれをしかじかに考えたり形成したり取り運ぶことはできるのであるが、現実がそのつど自らを示したり拒んだりする非隠蔽性を制御することはできない。「プラトン以来、現実はイデアの光のうちで示されてきた」のであるが、さきほどの「産出に由来する物象」との関わりで言うならば、プラトンは「およそ現前的にあり続けるものすべてを、制作者にとっての対象として経験したのであり、しかもそれが尺度となって後代に決定的な影響を及ぼすことになった」と、ブレーメン講演では述べられている。

「発露が単なる人間の創りものでないとするると、それはどこでどのように生起するのだろうか。私たちは、遠くを探索する必要はない。必要なのは、人間にいつも必ず呼び求めてきたものを素直に聞き取ることだけである。しかもこの呼び求めは、人間がそのように呼び求められた時にのみ人間たりうるほど決定的なものである。人間はその眼と耳を開き、心を解き放って、熟慮したり志向したり、形づくったり働いたり、願いかつ感謝するままに身を任せるとき、既に自分が非隠蔽（開示）されたこと（das Unverborgene）に持ち来たらされていることを見出す。この非隠蔽性（Unverborgenheit）は、それが人間に割り振られた発露の方へと人間を呼び出すたびに、既に現れて（ereignen）いるのである。もし、非隠蔽性のうちで人間が現存しているもの（Anwesende）を自ら露わにするなら、そのとき人間はひたすらその呼びかけに、たとえ彼がその呼びかけに逆らっていようとも、応答するものである。もし、人間が自然を探求し観察しながら彼自身の表象区域として後ろに置く（nachstellen）ならば、もはや人間は既に探求の対象としての自然に向かうように彼を挑発する発露によって呼び求められ、遂にはその対象すら在庫という対象にあらざるもの（das Gegenstandlose）のうちに消滅してしまうのである。」（S.18）

露わな暴きである発露が人間の創りものでないならば、それはどこでどのように生起するのか。それは、遠くを探索することにはない。「必要なのは、人間にいつも必ず呼び求めてきたものを素直に聞き取ることだけである。しかもこの呼び求めは、人間がそのように呼び求められた時にのみ人間たりうるほど決定的なものである」とハイデガーは言う。ハイデガーがパリのジャン・ボーフレ宛てに送った書簡いわゆる「ヒューマニズム書簡」に、同じような表現を見出すことができる。「思索とは、端的に言えば、存在の思索である。存在〈の〉思索と言われるときのその〈の〉という属格は、二つのことを言っている。思索は、存在によって呼び求められ促されて、存在へと聴従し帰属するものであるかぎり、思索は、存在〈が〉なすところのものなのである。それと同時に、思索は、存在に聴従し帰属しつつ、存在へと耳を傾け聴き入るかぎりでは、存在〈を〉思索するものなのでもある」[29]と。ここで引用した渡邊二郎訳で「存在によって呼び求められ促されて」とあるところは、創文社版ハイデッガー全集『道標』では「有から性起せしめられて」訳されている。「性起」とは後期ハイデガーの思索の核心をなす語〈Ereignis〉に対する訳語である。

「技術への問い」においては、さきに見た「非隠蔽性は、それが人間に割り振られた発露の方へと人間を呼び出すたびに、既に現れて（ereignen）いる」の部分の〈ereignen〉から派生しているのが〈Ereignis〉である。この語は通常は「出来事」として理解されているが、ハイデガーの意図を汲んで「呼び求める促し」という訳語を採用する人も多い。このエルアイグニスとゲシュテルとの関係については後述する。
また、「願いかつ感謝するままに」という表現からは、ハイデガーが好んで使用していた「思索は感謝することである」（Denken ist Danken.）が想起される。

「このように、仕立てられた発露（das bestellende Entbergen）としての近代技術は、決して単なる人間的行為ではない。だから私たちは、人間をして現実を在庫（Bestand）として仕立てるように立たしめるあの挑発をも、それが自らを示すがままに受け取らねばならない。その挑発が、人間を仕立てのなかに呼び集めて（versammeln）いくのである。この呼び集めいくもの（das Versammelnde）が、現実を在庫として仕立てるべく人間を集中させる。

山々が根源的に一連の山へ展開し、その褶曲の集まりのうちに隅々まで行きわたっているもの、それが私たちが山脈（Gebirg）と呼んでいる呼び集めである。

私たちはまた、私たちのしかじかの感情の在り方が展開されるような根源的な呼び集めを、心情（Gemüt）と呼んでいる。

いま私たちは、自己発露するものを在庫として仕立てるよう人間を呼び集めていく、あの挑発的な要求をゲシュテル（仕立て）（Ge-stell）と呼ぶことにしよう。

私たちは敢えてこの語を、これまで全く馴染んでこなかった意味で使うことにする。」（SS.18-19）

前期の『存在と時間』においては、「存在」は人間存在としての現存在の「現」において自らを開示するとされたが、「転回」を経た後期になると「存在」は顕現すると同時に自らを隠蔽し、隠蔽するとともに顕現するという存在機構に変容する。要するに、「存在」は人間をも含むすべての存在者を超えており、おのれ自身の真理のうちに安らぎつつ、かつ臨在しかつ離在するのであるから、それは存在者に即して解明することはできず、ただ呼び出されるだけということになる。技術の本質もこの「存在」と同じような存在機構を有しているのである。

そしてようやくハイデガー技術論のキーワード「ゲシュテル」が登場してきた。「私たちは、自己発露するものを在庫として仕立てるよう人間を呼び集めていく、あの挑発的な要求をゲシュテル（仕立て）（Ge-stell）と呼ぶことにしよう」とハイデガーは言う。

ブレーメン講演でも同様の発言があるので見ておこう。「山〈Berg〉の集まりのことを、ドイツ語では、山脈〈das Gebirge〉と呼ぶ。山脈とは、おのずからすでに一なる集まりであって、事後的に集められるのでは決してない。また、かくかくの心持ち〈zumute〉になったり、なるかもしれなかったりする、さまざまな心のあり方の集まりのことを、心情〈das Gemüt〉と呼ぶ。かり立てるはたらきの集まりにおいては、徴用可能なものすべてが、徴用して立てられた物資の在庫という形をとって、本質的にあり続ける。このかり立てるはたらき〈Stellen〉がおのずと集まり集約されたもののことを、いまやわれわれは、総かり立て体制〈das Ge-Stell〉と呼ぶことにしよう」とあり、ゲシュテルとは「現前的にあり続けるもの全体の完璧な徴用可能性を徴用して立てるはたらきが、普遍的に〔集約しつつ〕おのずと集まったもの」とされている[30]。

2　ゲシュテル（Ge-stell）

「通常の用法では、ゲシュテルという語は、たとえば書棚のような家具の類を意味している。ゲシュテルはまた骸骨を名指すものでもある。そして、今ここで私たちに求められたゲシュテルという語の採用は、まさに骸骨のようにおぞましく思われようし、自然発生的な言語がこうまでも誤用される恣意については触れるまでもない。これ以上におぞましいことがあるだろうか。それは、あり得ない。しかし、この異様なもの（das Absonderliche）こそ、思索の古くからの慣習である。しかも、思索者たちは最も高きものを思索しなければならないまさにそのところで、この慣習に従っているのである。プラトンは、すべてにそして個々のものに存在している（wesen）ものに対してエイドス（eidos）という語を敢えて使用したが、もはや後になって生まれて来た私たちにはその意味を計り知ることはできない。というのも、日常的な言語ではエイドスは、視覚的な形象が身体的な眼に提供する外観（Ansicht）を意味しているからである。にもかかわらずプラトンは、敢えてこの語にまったく非日常的なものを求めたのである。つまり、感覚的な眼にはまったく捉えることのできないものをである。ところが、この非日常的なものはその程度では決して終わらない。なぜならイデアは、感覚的に見えるものの非感覚的な外観だけを言っているわけではないから。聴覚的なもの、味覚的なもの、触覚的なもの、つまりなんらかの仕方で近づきうるもののすべてにおいて、その本質を成すものが、イデアと呼ばれると同時にイデアなのである。ここでもまた他の場合でも、プラトンが語と思索に要求しているものに較べれば、いま私たちが近代技術の本質に対する名称としてゲシュテルという語を敢えて使用することは殆んど問題とならない。それにしても、今ここで要求されている用法は、やはり強要でもあればまた誤解を残すことも事実であろう。」（SS.19-20）

ゲシュテルという異様な語を敢えて採用することについて、ハイデガーはプラトンのイデアの例を引いて、プラトンでさえ日常的な語に非日常的な要素を付加したのであるから、ゲシュテルを自らの思索において自由に使用することに問題はないと主張する。だが、「今ここで要求されている用法は、やはり強要でもあればまた誤解を残すことも事実であろう」として、さらに説明を加える。

ここでゲシュテルについての大江精志郎氏による簡明な注記を、『同一性と差異性』の訳書から引用しておく。「Gestell という語は普通には etwas Zusammengestelltes として、骨組、台、足場などの意味をもつ語で、Büchergestell と言えば書架であり、Schirmgestell と言えば傘の骨組みとか傘立てを意味する。しかしハイデガーは、この語を全く独自な意味で用いている。その語の訳語を決めることは困難であるが、仮に「仕組み」と訳した。しかしこれはかなり原語にかかわりすぎた訳であろうから、更に機構（現実の社会組織と社会体制という意味としてではなく、もっと広義で且つ深い事態的な意義において）と訳してもよいかと思う。[31]」

　ゲシュテルという語にはこのような背景があるために、これまでに見たように「仕組み」「立て - 組」「組 - 立」「仕 - 組み」「全 - 仕組み」「集 - 立」「立て集め」「総かり立て体制」「巨大 - 収奪機構」「挑発性」などとさまざまな訳語が当てられてきた。本稿では、敢えて訳語を確定せずにゲシュテルというカタカナ書きで表記しているが、要するに「ゲシュテルとは、在庫として仕立てる在り方において現実を露わにするために、人間を立たせる、すなわち、挑発するという立たせの呼び集め」を意味しているのである。[H]ゲシュテルは、近代技術の本質の裡に君臨する「露わに発くこと」の在り方を意味しているのであって、それ自身なんら技術的なものではない。その一方で、ゲシュテルを発動せしめる「技術的なるもの」が存在している。私たちが組立部品として馴染んでいる制御棒とかピストンとかシャーシといったものがそうなのであるが、これらは「技術的なるもの」に属しているのである。そして、「組立そのものも、右の諸部品とともに技術的行為の枠内に留まるもので、この行為は常にもっぱらゲシュテルの挑発に対応するだけで、このゲシュテルを構成するものでもなければ、それを惹き起こすものでもない」（S.20）とされる。

「ゲシュテルという名称における「シュテレン（stellen）＝立たせる」という語は、挑発だけを意味しているのではない。それは同時に、そこからまた派生してくるもう一つの「シュテレン（Stellen）＝立たせること」への暗示を保持していなければならない。すなわち、ポイエーシスという意味で現存するものを隠蔽されていない状態に出で現わしめる、制作と表現（Her- und Dar-stellen）をである。このような産み出す制作（Her-stellen）、例えば神苑における立像の建立（Aufstellen）と、今ここで論じられている挑発的な仕立てとは根本的に異なってはいるが、本質においてはやはり類似しているのである。両者ともに、発露、すなわちアレーテイアの在り方なのである。ゲシュテルのうちで非隠蔽性が現れ起こる（ereignen）のであって、それによって近代技術の行為は現実を在庫として露わに発く。だから、この行為は単なる人間的行為でもなければ、人間的行為における単なる手段でもない。技術の単なるインストゥルメント的規定も、単なる人間学的な規定も、原則的には脱落せざるを得ない。それは、ただ背後から挿入された形而上学的あるいは宗教的説明によって、補うことはできない。」（SS.20-21）

ゲシュテルとは「在庫として仕立てる在り方において現実を露わにするために、人間を立たせる、すなわち、挑発するという立たせの呼び集め」を意味したのであるが、それは、近代技術の本質において君臨している露わに発くことの在り方だけではなく、例えば神苑における立像の建立にも本質的に類似している。つまり、両者ともに、発露、すなわちアレーテイアの在り方なのであり、このゲシュテルにおいて非隠蔽性が現れ起こる、つまりエルアイグニスの事態が生じるのである。

近代技術の行為は「単なる人間的行為でもなければ、人間的行為における単なる手段でもない。技術の単なるインストゥルメント的規定も、単なる人間学的な規定も、原則的には脱落せざるを得ない。それは、ただ背後から挿入された形而上学的あるいは宗教的説明によって、補うことはできない」として、冒頭から問い続けられてきた「技術への問い」に一応の決着が付けられるが、ハイデガーの問いはまだ終わってはいない。

「にもかかわらず、技術時代の人間がきわめて特別な在り方で、発露に挑発されていることは事実である。発露は、なによりも先ず有用なエネルギーの主要貯蔵庫としての自然への関係をもつ。従って、人間の仕立てる態度と行為は、まず近代の精密自然科学の擡頭のうちに示されている。この自然科学の表象の仕方は、自然を一つの計算可能な諸力の連関として追い立てる。近代の物理学は、それが自然の探求のために計測するから実験物理学なのではない。むしろ逆である。物理学は、既に純粋理論として、あらかじめ自然を計算可能な諸力の連関として立ち現れてくるように駆り立てるからである。その故にこそ、実験が、いわばこのように立たされた自然がどのようにいかに自己申告してくるかを探求するために、仕立てられるのである。

しかし、数学的自然科学は近代技術よりもほぼ二世紀前に成立していた。一体どのようにして、数学的自然科学は近代技術によってこのように早くから、その奉仕のために立たされているのか。事実は、その反対を物語る。すなわち、近代技術は精密自然科学に支えられて初めて歩き出した。年代的に数えれば、そうである。しかし、歴史学的に考えると、それは真実ではない。

自然に関する近代の物理学理論は技術の先駆者ではなく、むしろ近代技術の本質の先駆者である。というのも物理学のうちでは、仕立てられた発露に向かう挑発的な呼び集めが支配的であるからである。しかし、まだそこには呼び集めはそれとしては現れ出ていない。近代の物理学は、その起源が未だ知られざるゲシュテルの前触れである。近代技術の本質は久しい間、動力機関が発明され、電気技術が軌道に乗せられ、さらには原子力技術が進展されているところにあってさえ、未だ自らを隠蔽しているのである。」(SS. 21-22)

ここでは特に、科学革命以降のいわゆる技術時代と規定された状況におけるゲシュテルの意味が問われる。「技術時代の人間がきわめて特別な在り方で、発露に挑発されている」として、自然的資源を収奪対象とする人間と近代の精密自然科学との関係が問われる。近代科学の特徴は、デカルト、ニュートン、ライプニッツをはじめとする哲学者・科学者たちによって基礎が築かれた数学的思考によって世界・自然を計算可能な諸力の連関として捉えてきたことにある。その実情をハイデガーは、ゲシュテルとの関係で「自然に関する近代の物理学理論は技術の先駆者ではなく、むしろ近代技術の本質の先駆者である」と把握する。

「近代技術ばかりか、すべての存在するもの(本質的存在者)(das Wesende)は、いずこにあっても最後まで隠蔽されたままである。にもかかわらず、それは、それが君臨支配しているという観点からすれば、すべてに先立つもの、すなわち最も早きものであることに相違ない。このことをギリシアの思想家たちは既に知っていて、こう語っている。つまり、支配しながら開き出すものよりも先に在るものは、より後になって初めて私たちに顕わに知られてくる。あるいは、始源的に最も早いものが、最後になって初めて自らを示す。それ故、思索の領域においては、より始源的に熟考しようとする努力は、過ぎ去ったものをただ再生させるような無意味な意志ではなく、むしろ、最も早いものの到来を前にして驚く（erstaunen）だけの冷静な心構えなのである。」（S.22）

近代の人間がきわめて特別な在り方で発露に挑発されているとしながらも、すべての存在者は隠蔽されたままでありながらも、存在者がゲシュテルに挑発されて自然を在庫として仕立ててきたことは、既にギリシアの思想家たちに知られていたことだとハイデガーは述べる。そして思索の領域では、彼らのように「最も早いものの到来を前にして驚く（erstaunen）だけの冷静な心構え」が必要だとする。

「驚き」「驚異」は、アリストテレスが『形而上学』で「驚異すること（to thaumazein）によって人間は、今日でもそうであるが、あの最初の場合にもあのように、知恵を愛求し〔哲学し〕始めた」[32]と述べているように、愛知の学としての哲学の起源である。

2　ゲシュテル（Ge-stell）

「歴史学的に見るならば、近代の自然科学の始まりは十七世紀である。それに対して動力機関の技術は、十八世紀後半に初めて展開された。しかし、この歴史学的確定より後になる近代技術は、そのうちで支配している本質からすれば、歴史的により早いものである。

もし近代の物理学が、その表象領域が非直観的な範囲に留まることをますます甘受しなければならないとしても、その直観放棄は研究者のなんらかの委員会が指令したものではありえない。その放棄は、自然を在庫として仕立てうることを求めるゲシュテルの支配によって挑発されたのである。だから物理学は、つい最近まで権威を揮っていた、対象にのみ向けられた表象から総退却しながらも、次の一事だけは放棄することはできない。すなわち自然は、計算によって同定しうるものであり、従ってそれらの情報のシステムとして仕立てうるものであることを、放棄することはできない。この情報システムは、その際、またもや姿を変えた因果性によって規定されるのである。この因果性はもはや、あの出で来たらしつつ誘い出すという性格（Charakter des hervorbringenden Veranlassens）を示してもいなければ、また causa efficiens〔作用因〕の仕方も、ましてや causa formalis〔形相因〕の仕方なども示すことはない。恐らくここでは因果性なるものが、同時にそして継起的に確保さるべき在庫に関する挑発された情報のうちへと収縮してしまうであろう。この収縮に対応しているのが、ハイゼンベルクの講演がまさに鮮やかに浮き彫りにした、直観的なるものに対するますます高まりつつある断念の過程であろう(W. Heisenberg, Das Naturbild in der heutigen Physik, in: *Die Künste im technischen Zeitalter*, München 1954, S.43ff.)。

近代技術の本質がゲシュテルのうちにあるがゆえにこそ、近代技術は精密自然科学を採用しなければならない。そうすることで、近代技術があたかも応用自然科学であるかのような偽瞞的見せかけが成り立つ。この見せかけは、近代科学の本質の由来ばかりか近代技術の本質までが、適切に問い確かめられない限りは、いつまでも罷り通ることであろう。」(SS.22-23)

「もし近代の物理学が、その表象領域が非直観的な範囲に留まることをますます甘受しなければならないとしても」と言われている「非直観的な範囲」とは、近代の精密自然科学の特性である「数学的思考」のことである。近代の物理学は、あくまでも自然を「計算によって同定しうるものであり、従ってそれらの情報のシステムとして仕立てうるものであることを、放棄することはできない」のである。そして、仕立てられた「情報システムは、その際、またもや姿を変えた因果性によって規定されるのである。この因果性はもはや、あの出で来たらしつつ誘い出すという性格を示してもいなければ、また causa efficiens〔作用因〕の仕方も、ましてや causa formalis〔形相因〕の仕方なども示すことはない。恐らくここでは因果性なるものが、同時にそして継起的に確保さるべき在庫に関する挑発された情報のうちへと収縮してしまう」のである。つまり、精密自然科学に支えられた近代技術を挑発するゲシュテルは、伝統的な手工芸的技術を仕立ててきたゲシュテルとは趣を異にしており、新たな情報システムとして働く。

ハイゼンベルクの講演については、また改めて触れられることになる。

3　危険のあるところ、救いもまた育つ

近代技術の本質はゲシュテルのうちに示されていると語るだけでは、技術への問いに答えたことにはならないとしてハイデガーの問いは続く。

「私たちが技術について問うのは、その本質への私たちの関係を明るみに浮き上がらせるためである。近代技術の本質は、私たちがゲシュテルと呼ぶことのうちに示されている。しかし、答えるということが、問われている本質について応答することであるならば、このように指示するだけでは技術についての問いに答えたことには決してならないであろう。

今ここでさらに一歩踏みこんで、このゲシュテルなるものが一体なにかと考えてみる

と、私たちはどこへ導かれるのだろうか。ゲシュテルはなんら技術的なものでもなければ、機械の類いでもない。それは現実が在庫として露わに発かれる在り方である。再び問おう。この発露は、あらゆる人間の行為を越えた彼岸で生起するのだろうか。否。しかし、それは人間のうちでのみ生起するのでもなければ、また人間によってのみ生起するのでもない。

ゲシュテルは、現実を在庫として仕立てながら露わに発く（entbergen）べく人間を立たせることを呼び集める。かく挑発されたものとして、人間はゲシュテルの本質領域（Wesensbereich）の中に立っている。人間は、この領域への関係を後から結ぶことは決してできない。だから、私たちがいかにして技術の本質への関係に到達すべきかという問いは、いつでも遅きに失したのである。しかし、私たちが、公私にかかわらずいつどこにあっても、私たちの一切の行為がゲシュテルによって挑発されているものとして問うことは、決して時を逸してはいない。なによりも遅きに失していないことは、ゲシュテル自身が本質存在している（west）ところへ、私たちがいかにどのようにして相応しく関与しているのかと問うことである。」（SS.23-24）

「なんら技術的なものでもなければ、機械の類いでもない。それは現実が在庫として露わに発かれる在り方」であり、露わに暴き出す発露は「人間のうちでのみ生起するのでもなければ、また人間によってのみ生起するのでもない」と語られているゲシュテルであるが、このゲシュテルの存在機構はハイデッガー固有の用語であるエルアイグニスの規定の仕方と酷似している。

さきに触れたように、ハイデガーがパリのジャン・ボーフレ宛てに送った「ヒューマニズム書簡」に、「思索とは、端的に言えば、存在の思索である。〔中略〕思索は、存在によって呼び求められ促されて、存在へと聴従し帰属するものであるかぎり、思索は、存在〈が〉なすところのものなのである。それと同時に、思索は、存在に聴従し帰属しつつ、存在へと耳を傾け聴き入るかぎりでは、存在〈を〉思索する」とあったが、ここで言う「呼び求める促し」が、「性起」とも訳されることのある後期ハイデガーの思索の核心をなすエルアイグニス（Ereignis）である。

エルアイグニスは動詞の＜ereignen＞から派生した語であり、「技術への問い」においても＜ereignen＞は「非隠蔽性は、それが人間に割り振られた発露の方へと人間を呼び出すたびに、既に現れて（ereignen）いる」というように使われている。エルアイグニスは通常は「出来事」

として理解されているが、ハイデガーにおいては、『存在と時間』以後のもっとも重要な著作と認められている『哲学への寄与論稿』の副題にも「エルアイグニスについて」とあるように思索が重ねられた術語である。

ハイデッガーはこのエルアイグニスについて『同一性と差異性』において「er-eignen〔生ずる、起こる〕は根源的には、eräugen 即ち erblicken〔見る、見つける〕或は im Blicken in sich rufen〔見えるようにする〕aneignen〔わがものにする〕という意味である」[33]と述べ、このエルアイグニスは思索にとって重要な語であるとしている。

『哲学への寄与論稿』ではエルアイグニスを正面から論じているが、例えば「有〔存在〕の問いに対する最初の答えとしての、性起〔エルアイグニス〕からの語り」と題された冒頭の一節では次のように語っている。「有〔存在〕の問いとは、有〔存在〕の真理への問いである。歴史的な仕方で遂行され把握されるとき、この問いは、有るもの〔存在者〕への従来の哲学の問い（主導的問い）に対する根本の問いとなる」として、存在者が存在するとき、存在が本質存在〔本質現成〕（die Wesung＞wesen）しなければならない。しかし存在はどのようにして本質存在するのか、存在者は存在するのだろうかとして、存在は存在者からではなく存在それ自体から考究されなければならないとする。そして、存在それ自体が本質存在〔本質現成〕することが性起（エルアイグニス）であり「呼び求める促し」と呼ばれるものである。[34]『同一性と差異性』において語られていることにさらに耳を傾ければ、エルアイグニスという語は「もはやここでは、我々が他の場合に何らかの Geschehnis〔起こったこと〕とか Vorkommnis〔事件〕と名づけることを意味しない。この語は、今は端的に単数として用いられているのである。それの意味することは、ただ単数においてのみ目前に生ずる、否そうでなく、即ち決して一つの数においてでなく、むしろ単一に（einzig）生じている。我々が存在と人間との布置としての仕組み（Ge-Stell）において現代技術世界を通じて経験することは、Er-eignis と名づけるところのものの前ぶれ（Vorspiel）[35]」であるという。

現存在としての人間が存在と取り結んでいる本質的な相互依存関係において、ゲシュテルとしての技術の本質のうちに示されているもの、それがエルアイグニスなのである。そして、ゲシュテルにおいてエルアイグニスの最初の閃光を見ることができるのであるが、ゲシュテルにおける閃光こそが現代技術世界の本質を成しているものである。

「近代技術の本質は、人間を、現実がいたるところで、明暗の差こそあれ、在庫となるような露わな発きの途上に就かすものである。途上に就かすとは、私たちの言い方をすれば遣わすこと（Schicken）である。私たちは、そもそも人間をこの発露の途に就かせている呼び集めの遣わし（versammelde Schicken）を「命運（歴運）」（Geschick）と呼ぶ。この命運からすべての歴史学（Geschichte）の本質が決定されるのである。歴史学とは、単に歴史（Historie）の対象でもなければ、単なる人間的行為の遂行だけでもない。人間的行為は、命運的なものとして初めて歴史学的になる（vgl. *Vom Wesen der Wahrheit*, 1930; in erster Auflage 1943, S. 16 f.）。そして、対象化しつつ表象する命運だけが、歴史（Historie）にとって歴史学的に（Geschichtliche）取り扱いうるものとなる。すなわち科学的学問にとって、対象として取り扱いが可能なものとなり、ここで初めて、歴史的なるものと歴史学的なるものとの慣用的な等値が可能となる。

仕立てへの挑発としてゲシュテルが、発露の在り方に遣わすのである。ゲシュテルは、あらゆる発露と同様に、命運の遣わしの一つなのである。産み出しすなわちポイエーシスも、この意味で命運なのである。」（S.24）

「ゲシュテルは、あるゆる発露と同様に、命運の遣わしの一つなのである」と言われる「命運（歴運）」（Geschick）であるが、『存在と時間』では「宿命的な現存在は、世界内存在として、本質上他者と共なる共存在において実存するかぎり、そうした現存在の生起は、共存在であって、運命として規定されている」[36]とあるように、個人に関わる「宿命」(Schicksal)と共同体や民族に関わる「運命〔命運〕」(Geschick)が区別されていた。だが後期になると〈Geschick〉に異なった意味が付与されるようになり、特にゲシュテルが存在それ自体の本質存在の命運(Wesensgeschick)と見なされるようになる。ゲシュテルは存在が本質存在として生起する様式として変遷することになるのであるが、「なぜなら、その都度或る一つの遣わし(Schickung)のなかへ自らを委ねる〔遣わす〕ということが、命運〔遣わしの命運〕の命運たる所以であるから」[37]なのである。

自らを委ねる(sich-schicken)とは、一定の示された指示に自らを随順させるように踏み出すことであり、その指示の前にはまたもう一つの、まだ覆われている命運が待ち構えている。私たちは命運に左右されるままある特定の瞬間に向かって進んでいくのであるが、その特定の瞬間はまた命運に左右されるものを別の命運に遣わすのである。そして、「私たちは未だ、歴史的なるもの(das Geschichtliche)の本性を命運や遣わしや随順から思惟するには、あまりにも未熟でありまたあまりにも思慮浅きに失する。まだ私たちは、習慣になっているために、あまりにも無雑作にこの命運に左右されるものを、出来事〔生起〕(Geschehen)から、そしてその出来事を史学的（historisch）に確立しうる事件の経過として、見做し勝ちなものである。私たちは歴史なるものを、その命運からの成存（Wesen）の由来に従って思惟することなく、出来事の領域のなかへ立たせている」と続けられる。

以上、「私たちは、そもそも人間をこの発露の途に就かせている呼び集めの遣わしを「命運（歴運）」と呼ぶ。この命運からすべての歴史学の本質が決定されるのである。歴史学とは、単に歴史の対象でもなければ、単なる人間的行為の遂行だけでもない」と語られたことについて触れてきた。

この命運についての記述は、続いて『真理の本質について』の一節「人間的行為は、命運的なものとして初めて歴史学的になる」という言葉を指示し、ついで「対象化しつつ表象する命運だけが、歴史（Historie）にとって歴史学的に（Geschichtliche）取り扱いうるものとなる」と述べられる。「歴史」についてはドイツ語には〈Historie〉と〈Geschichte〉という語があり、ここでも微妙に使い分けられている。英訳では、「歴史学とは、単に歴史（Historie）の対象でもなければ」を“History is neither simply the object of written chronicle”とし、「歴史（Historie）にとって歴史学的に（Geschichtliche）取り扱いうるもの」を“that makes the historical accessible as an object for historiography"としている[38]。〈Historie〉と〈Geschichte〉との使い分けについては一般的には、〈geschehen〉（起こる、発生する）という動詞に由来する〈Geschichte〉は事件とか出来事を意味し、また同時にある特別な事件についての記述つまり歴史を指すものであり、一方の〈Historie〉は探求を意味するラテン語の〈historia〉に由来するとされているが、よく引かれるのがニーチェによる使い分けである。

ニーチェは『反時代的考察』に収録された「生に対する歴史の利害について」において、「歴史（Geschichte）はもし純粋な学問と考えられ至上権をもったものとなれば、人類にとっては一種の生の集結であり清算であるだろう」、「歴史（Historie）は生に奉仕している限り非歴史的力に奉仕しており、それゆえこの従属関係においては例えば数学のごとき純粋な学問に決してなりえないだろうし、またなるべきでもないであろう[39]」等々と考察している。

「あるということ（was ist）の開示性は、常に発露の道を歩む。この露わな発き（Entbergung）の命運は、常に人間を隈なく支配している。しかしこの命運は、決して人間を強制するような運命ではない。というのも、人間は命運の領域に属する限りにおいて初めて自由となれるのであり、かくして人間は命運に聴従する者（Hörender）となり、決して隷従者（Höriger）とはならないからである。

自由の本質は「根源的に」は、意志ましてや人間の意志の働きの因果性に分類されるものではない。

自由は、照らし出されたもの（das Gelichitete）すなわち露わに発かれたもの（das Entborgene）という意味において、自由な開け（das Freie）を支配する。発露すなわち真理の生起こそ、自由が最も密接にして親密な間柄にあるものである。すべての発露は、庇護と隠蔽に従属している。しかし自由にするものは、隠蔽され常に身を隠しており、それがすなわち秘儀である。発露はすべて、自由な開けより出でて、自由な開けに至り、そして自由な開けへともたらされる。この開けの自由は、拘束されない恣意のうちに成り立つのでもなければ、単なる法による拘束のうちに成り立つのでもない。自由は、照らし出しつつ隠しているものであり、その照らし出す明かりのうちに、あらゆる真理の本質存在者（das Wesende）を覆っているヴェールが揺らめき、そしてまさにヴェールを覆い隠しているものとして見せている。自由とは、いつでも露わな発きを途上に赴かせる命運の領域なのである。」（SS.24-25）

露わな発き（Entbergung）の命運は常に人間を隈なく支配しているが、決して人間を強制するような運命ではない。「人間は命運の領域に属する限りにおいて初めて自由となれるのであり、かくして人間は命運に聴従する者となり、決して隷従者とはならない」のであり、「人間は命運に聴従する者」と規定される。聴従とは、まさに「呼び求める促し」としてのエルアイグニスに聴き従うことである。このことによって人間は自由になれるのであって、まさに本講演の冒頭にある言葉「私たちは「技術」を問おうとしているのであるが、この問うことにおいて、技術との自由な関係を準備しておきたい。その関係は、私たちの現存在（Dasein）を技術の本質（Wesen）へと開くことで自由になるのである。その本質に応答できるとき、私たちは技術的なるものの限界を経験することができる」に呼応している。

「自由にするものは、隠蔽され常に身を隠しており、それがすなわち秘儀である」における秘儀の原語は〈das Geheimnis〉（秘密、神秘）であり、英訳では〈the mystery〉としていることに倣ってここでは「秘儀」と訳したが、決して神秘主義的な解釈を持ち込むものではない。

さらに、「技術の本質がゲシュテルにある」という命題が繰り返される。[1] ゲシュテルは発露の命運のうちに属しているのであるが、この命題は、「技術はわれわれの時代の宿命（das Schicksal）である」というよく聞かれる言説とは、別のことを言っている。「宿命」とは、もはや変えがたい成り行きの不可避性を意味しているのであって、技術の本質について私たちが熟考するときには、私たちは発露の命運としてゲシュテルを経験しているのである。発露の命運としてのゲシュテルを経験するときに、私たちは命運の自由な開けに逗留するのであって、この命運は技術をむやみやたらに追い廻したり、徒らに技術に反抗して技術を悪魔の仕業のように断罪したりするような思索の抑圧に拘禁されることはない。まったく逆なのであって、技術の本質（Wesen）に従って自らを開くとき、自由に解き放つ呼び求めに出会っていることに思わず気付くのである。

「技術の本質はゲシュテルにある」ということは、ゲシュテルの支配は命運（Geschick）に従属しているということでもある。命運は、常に人間を露わな発きの途上に就かせるものであるから、人間は露わな発きの途上において、仕立て（Bestellen）のうちで露わに発かれたもの（Entborgene）だけを追求・促進し、そこからすべての規準を受け取るべき可能性の瀬戸際を歩み続けているのである。だが、そのために、他の可能性が閉ざされてしまっている、とハイデガーは言う。その可能性とは、発露に帰属していることが人間の本質であることを経験するために、開示（非隠蔽）されたものの本質とその非隠蔽性（開示性）とに、常にますますさらに始源的に関わることなのである。「この二つの可能性の間にあって、人間は命運から危険に晒されている。露わな発きの命運はいかなる在り方においても、従ってまた必然的に「危険」（Gefahr）なのである」（S.26）としてゲファールが指摘された。この「危険（ゲファール）」は結論に向けてのキーワードとなるであろう。

「発露の命運がどのように支配しようとも、存在するすべてのものがいつでも自らを開示するという非隠蔽性が、見逃され誤解されてしまう危険が隠されているのである。このようにして、現前するもののすべてが原因 - 作用 - 連関の光りの下に描かれると、その表象によって、神ばかりかすべての聖なるものも高貴なものも、神秘的な神々しさを喪失するのである。因果性の光りにおいて神は、原因すなわち作用因（causa efficiens）に下落する。神はかくして神学においてさえ、哲学者たちの神となる。すなわち、非隠蔽性も隠蔽性も作為的な因果性に従って、しかも一度たりともその因果性の本質の由来が熟考されることはないのである。

同様にして、自然が自らを諸力の計算可能な作用連関として表現する非隠蔽性は、正当な定義として許容することはできるのだが、その結果として、すべての正当なもののうちにあって真実（das Wahre）が遠ざかるという危険が残るのである。
　露わな発きの命運はそれ自身においては危険ではないが、むしろそれこそが危険と呼ばれるような危険なのである。」（S.26）

既に否定されている因果性が再び取り出され、非隠蔽性＝真理との関わりで論駁される。つまり、真理が見逃されることによって、現前するものが原因 - 作用連関という因果性によって描かれるならば、神や自然さえも真実から遠ざかるという危険がそこにはある。「露わな発きの命運はそれ自身においては危険ではない」が、人間の表象次第では危険へと転じるのである。そして最大級の危険がゲシュテルによる支配なのである。

「しかも命運がゲシュテルの姿をして支配するとき、それが最大級の危険である。その危険が私たちに自らを証するのは、二つの点においてである。すなわち、開示（非隠蔽）されたことがもはや対象ですらなく、もっぱら在庫としてのみ人間が関わり、対象ならぬもの（das Gegenstandlose）のただなかに置かれた人間が在庫の仕立屋となるやいなや、人間は断崖の瀬戸際を、すなわち、人間自体がもはや単に在庫としてしか受け取られる以外に道もない瀬戸際を歩むのである。にもかかわらず、まぎれもなく危険に脅かされている人間が、地上の主人であるかのように傲然と構えているのである。だからこそ、人間の出会うものすべては、彼の製作物である限りにおいて存在するかのような見せかけが罷り通るのである。この幻想は、やがては終極的な妄想となる。この幻想によって、あたかも人間はいつどこにあっても他ならぬ自分自身にのみ出会っているかのように見えるのである。ハイゼンベルクは議論の余地なく、現実なるものは今日の人間にとってはかく映らざるをえないことを指摘した（a. a. O. S. 60 ff.）。「ところが人間は今日、もはや真なる意味においては、まったく自分自身、すなわち人間の本質に出合うことはない。」人間はかくまでも決定的にゲシュテルの挑発の連鎖の中にあるので、ゲシュテルを呼び求め（Anspruch）として聞き取ることもなく、また自分自身が呼び求められたものであることを見逃している。かくして、人間は自己の本質からして、呼びかけ（Zuspruch）の領域のうちで脱自的に存在している（ek-sistieren）ことをも開き漏らし、そのために、人間はただ自己自身にのみ出会うことは決してない。

しかもゲシュテルは、人間自身ならびにおよそ存在するすべてのものに対する関係において、人間を危険に陥れるばかりではない。命運としてのゲシュテルは、人間を仕立てとしての発露（das Entbergen）のなかへ追放する。仕立ての支配するところでは、露わな発きの可能性はすべて駆逐されてしまうのである。とりわけゲシュテルは、現前するものを、ポイエーシスという意味において、顕れへともたらしめる発露を隠蔽するものである。比較するならば、挑発的に立たせることは、およそ存在するといわれるものに対して、まったく逆行した関係へと強要する。このゲシュテルの支配するところ、在庫の制御と確保がすべての発露を刻印づける。しかも制御や確保は、自己自身の根本的特性、すなわち発露がそれとして現れることをもはや許さない。

かくして、挑発的なゲシュテルは、発露のかつての在り方としての産み出し（das Her-vor-bringen）を隠蔽するだけではなく、発露自身ばかりか、さらには非隠蔽性すなわち真理の現れさえをも隠蔽してしまうのである。」（SS.26-27）

ゲシュテルがもたらす最大級の危険は二つある。一つには、在庫の仕立屋としての人間が、命運によって開示（非隠蔽）され現前するものとしてもたらされたものを対象としてではなく在庫に組み入れてしまうこと。さきに航空機の例を引いて語られたように「在庫という意味において立つものは、もはや私たちに対して対象として立つものではない」のである。そのとき人間は「断崖の瀬戸際を、すなわち、人間自体がもはや単に在庫としてしか受け取られる以外に道もない瀬戸際を歩む」のである。さらなる危険とは、断崖の瀬戸際を歩む人間が、あたかも地上の主人であるかのように傲然と構えていることである。まさに、ハイゼンベルクが「人間は今日、もはや真なる意味においては、まったく自分自身、すなわち人間の本質に出合うことはない」と述べた所以でもある。ゲシュテルとは、あらゆる現れ、真理としての非隠蔽性すらも隠蔽してしまうものなのである。

「ゲシュテルは真理の輝きと支配とを塞ぎ立てる。仕立てへと遣わす命運は、結果的に究極の危険である。危険なものは決して技術ではない。技術の魔力なるものはなんら存在せず、むしろ、技術の本質の秘密なるものがあるのである。技術の本質は、発露の命運として危険なのである。「ゲシュテル」という語の変貌された意味は、命運と危険との意味においてゲシュテルを思索すると、私たちにとってやや馴染み深いものとなるであろう。

人間への脅威は、致命的に作用しかねない技術的な機械や装置から、まず到来するわけではない。本当の脅威は、既に人間の本質のうちを襲ってきている。ゲシュテルの支配はもはや、より根源的な発露のなかに立ち寄ることも、またより始源的な真理の呼びかけを経験することも、人間には拒まれうるかも知れない可能性を帯びて私たちを脅かしているのである。

このように、ゲシュテルの支配するところには、語の最もすぐれた意味における危険が存在している。

「危険のあるところ、救いもまた育つ」

私たちはこのヘルダーリンの言葉を、注意深く考えてみたい。「救う」とはなにを意味しているのだろうか。通常は、消滅の危機にあるものを、これまで通りの存続を確保するために捉まえ取ることを意味しているにすぎない。しかし、「救う」とは、それ以上のことを言っている。「救う」とは、本質を初めてその本来の輝きにもたらさんがために、その本質のうちに迎え入れることである。もし技術の本質であるゲシュテルが究極の危険であるならば、また同時に、もしヘルダーリンの言葉が真実を語っているものならば、決してゲシュテルの支配は、あらゆる発露の照り輝き、すなわち真理の輝きのすべてを、ただ塞ぎ立てるだけで力を出し尽くしたわけではないだろう。むしろ、まさに技術の本質こそが救いの育ちを自ら蔵しているのであろう。しかしそうならば、ゲシュテルが発露の命運としてあることが、救いの顕れを輝きにもたらすと考えることで十分ではないだろうか。」(SS.27-28)

「ゲシュテルは真理の輝きと支配とを塞ぎ立てる」「ゲシュテルの支配はもはや、より根源的な発露のなかに立ち寄ることも、またより始源的な真理の呼びかけを経験することも、人間には拒まれうるかも知れない可能性を帯びて私たちを脅かしているのである」とゲシュテルの脅威が繰り返し語られてきた。だが、「危険のあるところ、救いもまた育つ」とヘルダーリンの「パトモス讃歌」からの一節が引用されて場面は一転することになる。「救う」とは、「本質を初めてその本来の輝きにもたらさんがために、その本質のうちに迎え入れること」であり、「まさに技術の本質こそが救いの育ちを自ら蔵している」のであると。

ここではヘルダーリンの詩の一節が「パトモス讃歌」から取られていることが指示されていないが、ブレーメン講演では次のように述べられている。「危機がまさに危機という出来事としておのずと本有化され（ereignen）、ついに隠れもなく危機となったあかつきには、いったいどういうことになるのだろうか。この問いに対する答えを聞きとるために、われわれは、ヘルダーリンのある言葉のうちにしまっておかれている目配せに注意することにしよう。讃歌「パトモス」の改作版の冒頭近くで、詩人はこう語る――「だが、危険のあるところ、救いとなるものもまた育つ。」われわれがいまこの言葉を詩人が詩作したよりもなおいっそう本質的に思索し、この言葉を極限ぎりぎりまで思索し抜くとき、この言葉は次のように語る」として、「危機が危機としてあるところには、救いとなるものはすでにある。救いとなるものは、とってつけたように据えられるのではない。救いとなるものは、危機の横に並んで立っているのではない。危機それ自身が、危機としてあるとき、そのまま救いとなるのである。危機が救いとなるのは、危機がその本質からして救いをもたらすかぎりにおいてである」としている。詩人の詩作をさらに思索するとは、ハイデガー好みの表現の一つであるが、さらに「救う〈retten〉」という語について思索するならば、「この語は、解く、解放する、自由にする、いたわる、守蔵する、保護する、守る、という意味」であるとし、レッシングが「救う」という語を、正当化する、という意味を強調して用いていることを指摘した上で、「本来的に救いとなるものとは、守るもの、守護なのである」と規定している。(40)

「一体いかなる意味で、危険のあるところに、救いもまた育つのであろうか。なにかが育つところでは、それは根を張り、そこから育つ。根を張ることも、育つことも、密かに静かに、時を得て生起する。しかし詩人の言葉にしたがえば、私たちは、危険のあるところで救いの力がただちになんの準備もなく手に入れられるものと期待してはならない。だから前もって私たちは、究極の危険であるといわれることのうちに、すなわちゲシュテルの支配のただなかにあって、救うものがいかにして深きに根を張り、そこから育つものであるかを深く考えてみなければならない。熟考するためには、私たちの途上の最後の一歩として、澄んだ眼差しをその危険のなかに注がねばならない。それにしたがって私たちは再び、技術について問わなければならない。技術の本質のうちに、救いの力が根を張り育っているのだから。

しかし私たちは、いかなる「本質」の意味において、ゲシュテルが実際に技術の本質であるのかどうか熟考せずに、技術の本質のうちに救いの力を認めることができるのだろうか。」(SS.28-29)

「救う」という語に続いてさらに「育つ」（wachsen）について述べられてから、救いの力が根を張り育っているという技術の「本質」に問いは向かうことになる。

「これまで私たちは、「本質」（Wesen）という語を普通の意味で理解していた。哲学の学校用語では「本質」は、あるものが「何」であるかということ、すなわちラテン語の quid を意味している。この quidditas すなわち「何性」（Washeit）ということは、本質についての問いに対する答えを与えるものである。例えば、樫や欅や樺や樅といったあらゆる種類の樹木に与えられているものは、同じ樹木的なものである。この普遍的な類、すなわち「普遍的なもの」（das universale）としての樹木的なもののうちに、現実の樹木も可能的な樹木も入っている。では技術の本質、ゲシュテルはすべて技術的なものの共通の類なのか。もしそうであれば、たとえば蒸気タービンも、ラジオ放送局も、サイクロトロンもゲシュテルだということになる。ところが「ゲシュテル」なる語は、ここでは道具も装置も意味していない。ましてやこの語は、在庫の一般概念を意味しているのでもない。機械や装置は、配電盤の係員や建設事務所の技師と同様、ゲシュテルのいかなる場合でも種類でもない。このようなものすべては、たしかに在庫品（Bestandstück）として、在庫（Bestand）として、注文者（Besteller）としてそれなりの仕方でゲシュテルに属してはいるが、ゲシュテルは決して類という意味での技術の本質ではない。ゲシュテルは発露の命運にもとづく在り方、すなわち挑発する発露である。産み出す発露、ポイエーシスもまた、このような命運にもとづく在り方の一つである。しかし、この二つの在り方は決して発露という概念下に並び包摂されるような種類ではない。露わな発きは命運であるが、その命運は突然に、いかなる思索にも解き明かしがたく、産み出しと挑発との二つの発露に分岐して、人間に振り分けられるものである。挑発的な発露は産み出しのうちに、その命運的な始原をもっている。しかし同時に、ゲシュテルは命運的にポイエーシスを塞ぎ立てるのである。

露わな発きの命運としてのゲシュテルは確かに技術の本質ではあるが、しかし決して類そして essentia の意味において本質ではない。このことに留意するならば、私たちはなにか驚くべきものに遭遇する。すなわち技術こそが、私たちが通常「本質」によって理解しているものとは異なった意味で思索するように要求しているのである。しかし、いかなる意味でか。」（SS.29-30）

ここでは改めてゲシュテルが果たして技術の本質なのかどうかということが問われている。ここで言う「本質」が、スコラ哲学以来の伝統的な〈quidditas〉つまり「何性」（Washeit）として理解されるならば、「たとえば蒸気タービンも、ラジオ放送局も、サイクロトロンもゲシュテルだということになる。ところが「ゲシュテル」なる語は、ここでは道具も装置も意味していない。ましてやこの語は、在庫の一般概念を意味しているのでもない」として、ゲシュテルは「確かに技術の本質ではあるが、しかし決して類そして essentia の意味において本質ではない」と断言される。では、技術が私たちに要求している思索の仕方とは如何なるものだろうか。

以下、技術の「本質」（Wesen）としてのゲシュテルにおける〈Wesen〉を巡って思索が続くのであるが、ここでハイデガーが持ち出すのは「本質」（Wesen）を派生させた「存在する」（wesen）という動詞と緊密な関係をもつ「存続する」（währen）という動詞である。古代から本質は存続するものとして思索されてきたとハイデガーは述べるが、同時にエイドスあるいはイデアとして理解されてきたものは本質の十分な理解ではないと言う。

そこでハイデガーが引用するのは、彼の愛好する詩人ヨハン・ペーター・ヘーベルである。

「私たちが「世帯」（Hauswesen）とか「国家体制」（Staatswesen）とか語るとき、私たちは類的普遍者ではなく、家や国家がいかに支配し、統治し、発展し衰微するかという在り方を意味している。それは家や国家が、いかに存在する（wesen）かという在り方なのである[1]」として、ゲーテが特に愛好したヘーベルの詩「カンデレ街の幽霊」で使われた古語〈Weserei〉を持ちだす。もはや古語となった〈Weserei〉は、共同生活がそこで営まれて村落が活動し続けて、すなわち存在している（wesen）限りにおいて市役所を意味しているのであるが、この「存在する」（wesen）という動詞から、初めて名詞形の「本質」（Wesen）が派生している、と。そして、この「本質」なるものは、動詞的に理解すれば「存続する」（währen）と同じなのである。それは意味からだけではなく、また語の音声的な形式においても同一のものである。

既にソクラテスもプラトンも、なにものかの本質を「存続するもの」（das Währende）という意味で「存在するもの」（das Wesende）として思索したのであるが、彼らは「存続するもの」を「永続するもの」（das Fortwährende, aei on）としていた。しかも彼らは「永続するもの」を、生起するもののすべてに粘り強くずっと「在るもの」（das Bleibende）として見出した。そして彼らは、この「在るもの」を「外観」（Aussehen, eidos, idea）、例えば「家」というイデーのうちに発見したのである。家というイデーが示すものは、それぞれが家に属しているものである。それに反して、個々の現実的ならびに可能的なもろもろの家は、「イデー」の絶え間なき転変であり、「存続せざるもの」（Nichtwährende）に属していることになる。

しかし「存続するもの」が、プラトンがイデア（idea）として、あるいは、アリストテレスがト・ティ・エーン・エーナイ（to ti en einai かつてもあり今もあるところのそれぞれのもの）、すなわち形而上学が「本質」（essentia）として実にさまざまな解釈をしながら思索しているものにのみ限られるものではないとして、「存在しているもの（das Wesende）のすべては、存続している。しかし、存在しているものは、ただ永続するものだけであろうか。技術の本質（Wesen）は、あらゆる技術的なものにつきまとう一つのイデーの永続という意味で、存続しているのだろうか。もしそうなら、「技術」という名辞は神秘的な抽象概念でもあるかのような見せかけが成り立つことになる。技術がいかに存在している（wesen）かは、もっぱらゲシュテルが発露の一命運として生起するところである永続によってのみ見極められる」（S. 31）とする。

ついで、ヘーベルとの関わりでゲーテが引かれて、彼が『親和力』第二部第一〇章の『隣りあった不思議な子供たち』の物語において、〈fortwähren〉（永続する）の代わりに謎めいた語である〈fortgewähren〉（永遠にもたらす）を使った用例に依拠しながら述べられる。「ゲーテの耳はここで、währen（存続する）とgewähren（もたらす）とを、発話以前の段階で同じものとして聴いているのである。ここで私たちは、本来的に存続し、恐らく唯一存続しているものがなんであるかについて、これまでよりもさらに思索を深めるならば、次のように言うことが許されるだろう。「もたらされたものだけが存続する。始源的にもっとも早くから存続しているものが、もたらすものである」と」（S.31）。

ハイデガーのここでの意図を繰り返すならば、「存在する」（wesen）という動詞から名詞形の「本質」（Wesen）が派生したが、この「本質」は、動詞的に理解すれば「存続する」（währen）と同じであることが、ヨハン・ペーター・ヘーベルを引用しながら指摘された。だが、古代の哲学者たちはこの「存続する」ものを「永続する」ものとして捉えてエイドスあるいはイデアと名づけた。しかし、例えば「家」というイデーは家に確かに属しているものの、個々の現実的ならびに可能的な家はこのイデーの絶え間なき転変であって「存続せざるもの」に属していることになる。ということは、「存在する」「存続する」イコール「永続する」という解釈は成り立たないであろう。ゲーテはかつて「永続する」という言葉に代えて「永遠にもたらす」と表現したが、その顰みに倣えば「もたらされたものだけが存続する。始源的にもっとも早くから存続しているものが、もたらすものであると」ということになろうか。

「ゲシュテルは、技術のうちの本質的存在者（das Wesende der Technik）として存続するもの（das Währende）である。ではゲシュテルは、もたらすものという意味で支配しているのか。この問いすら既に、明らかな誤りのように思われる。なぜならゲシュテルは、これまで述べてきたすべての点からして、挑発的な発露に向かって呼び集めてゆく命運だからである。挑発することは、もたらすことでは決してない。現実を在庫として仕立てることへの挑発もまたやはり、人間を発露の途につかせる遣わしであることに注意しない限り、確かにそう見えてくる。このような命運として、技術のうちに存在するものは、人間を、彼自身では発明することも製作することも不可能なもののうちへと導き入れるのである。というのも、ただ自らによってのみ人間でありうるようなことは、どこにもないからである。

しかし、もしこの命運（Geschick）すなわちゲシュテルが、人間の本質にとってのみならず、すべての発露にとって究極の危険であっても、なおかつ遣わし（Schicken）をもたらし（Gewähren）と呼ぶべきなのか。確かに、そしてもしこの命運のうちにあって救いが育つものなら、なおさらそうである。いかなる発露の命運ももたらしから生起するのであり、またもたらしとして現れ起こるのである。なぜなら、このもたらしが人間に、発露の出現（Ereignis）が必要とする発露への持ち分（Anteil）をはじめて運んでくるからである。人間は、このように求められたものとして、真理の出現に一体化される（ver-eignen）のである。このように発露へ遣わすもたらすものが、救うものそのものなのである。なぜなら、救うものこそが人間をして自己の本質（Wesen）の最高の尊厳を見せしめ、そこに立ち寄らせる（einkehren）からである。この尊厳は、地上におけるすべての本質の開示性とともに、隠蔽性をも常に先んじて守ることにある。あたかも発露の唯一の在り方のごとく見せかけて仕立てのなかへ人間を引きずりこまずにはおかない、そして人間を自己の自由なる本質の放棄の危険へ突き落とすゲシュテルのうちにこそ、そして、まさにこの究極の危険のうちにおいてこそ、もし私たちが私たちの役割として技術の本質に留意し始めさえすれば、もたらすもののうちで人間の内部において最も破壊しがたい帰属性（Zugehörigkeit）が姿を現わしてくるのである。

思いも寄らぬことではあるが、このようにして技術のうちの本質的存在者（das Wesende der Technik）は、起こりうるかも知れない救いの現れの上昇を自ら蔵しているのである。

私たちが、この上昇に思いをいたし追憶しつつそれを守ることのうちにすべてはある。それは、いかになされるのか。なによりも、ただ技術的なことがらのみに目を凝らさず、技術のうちの本質的存在者（das Wesende in der Technik）を視野に収めることである。技術をインストゥルメントとして表象する限り、いつまでも私たちは、それを制御しようとする意志のうちに置かれているだけである。私たちは、技術の本質の傍らを素通りするだけである。」（SS.31-32）

ゲシュテルは、技術のうちの本質的存在者として存続する。では、存続するならばもたらすものという意味でゲシュテルは支配しているのだろうか。否、そうではない。ゲシュテルは、あくまでも挑発的な発露に向かって呼び集めてゆく命運なのである。挑発することはもたらすことではないし、現実を在庫として仕立てることへの挑発もまた人間を発露の途につかせる遣わしなのである。

しかし、この命運（Geschick）すなわちゲシュテルが、人間の本質だけではなくすべての発露にとって究極の危険であっても、なおかつ遣わし（Schicken）をもたらし（Gewähren）と呼ぶべきなのか、と問い直される。もし、この命運のうちにあってこそ救いが育つのであるならば、やはり遣わしはもたらしなのであると説かれて、発露へ遣わすもたらすものが救うものそのものなのであると断定される。

このように述べてきて論理の逆転というか転回が突然起きる。ゲシュテルは人間を自己の自由なる本質の放棄の危険へ突き落とすのであるが、このゲシュテルつまり究極の危険のうちにおいてこそ、もたらすもののうちでも人間の内部において最も破壊しがたい帰属性が姿を現わしてくるとされる。技術のうちの本質的存在者であるゲシュテルは、起こりうるかも知れない救いの現れの上昇を自ら蔵しているのである。そして「私たちが、この上昇に思いをいたし追憶しつつそれを守ることのうちにすべてはある」と言われる。そして、技術をインストゥルメントとして表象する限り、私たちは技術の本質の傍らを素通りするだけであると本講演の冒頭での指摘が繰り返されて、結論への道が拓かれた。

だが、結論へと至るまでにさらに振り返っておこう。[K]「インストゥルメント的なものがどのようにして因果性の一種として存在しているか問うならば、私たちは技術のうちの本質的存在者（技術の本質）を、発露の命運として経験するのである。本質のうちに存在しているもの（das Wesende des Wesens）が、発露への人間の参加を必要としているもたらすものの中で現れ起こることを私たちが遂に熟慮するに至って、以下のことが明らかとなる。技術の本質(das Wesen der Technik)は、ある高い意味において二義的である。そのような曖昧さこそが、すべての露わな発きすなわち真理の秘密を指示している」(SS.32-33)のである。

これまで見てきたように、ゲシュテルというものは一方で、露わな発きの出現に対する視線をことごとく塞ぎ立てる仕立ての狂乱の中へ挑発し、真理の本質への連関を根本から危険に陥れるものである。他方、ゲシュテルは、人間を存続せしめている「もたらすもの」(das Gewährend)のうちに現れるのであるが、そこで人間は、これまでは未経験であっても恐らく将来においては経験済みになるような、真理の本質の保護のために使役されるものである。ハイデガーによれば、救いの到来はこのようにして出現することになる。

ところで、「仕立ての抗し難さと救いの抑制された態度は、星辰の運行における二つの星の軌道のように互いに擦れちがって通過する。しかし、この擦れちがいには、両者の近さが隠されている」のであって、私たちがこの二義的な「技術の本質」を注視するときにこそ、そこに秘められたものの星の運行、星座を見届けることができるのである。このようにして、「技術への問いは、発露と隠蔽、真理の本質的存在者が生起する(ereignen)星座への問い」となる。

「しかし、真理の星座を注視することがなんの助けになるのだろうか。私たちは、危険を注視することで、救いの育ちを見る」（S.33）のであって、私たちはまだ、そのことによって救われてはいない。私たちは、その救いの育ちつつある明かるみの中で期待するように呼び求められている。それは、どのように生起するのだろうか。今ここで、少しずつではあるが、私たちが救いを育くむことである。だが、それは同時に、究極の危険に対して私たちのまなざしを常に堅持すべきことを伴っている。

すなわち、技術の本質（das Wesen der Technik）というものは、ある意味において二義的であるが、そのような曖昧さこそが、すべての露わな発きすなわち真理の秘密を指示している。ゲシュテルは、真理の本質への連関を根本から危険に陥れる一方で、人間を真理の本質の保護のために使役することで救いの到来が実現することが明らかにされて、さらにこの危険についての論及が続く。

「技術のうちの本質的存在者（技術の本質）（das Wesende der Technik）は、発露（Entbergen）を危険に陥れ、もはや発露のすべてが仕立てのうちに吸収され、すべてが在庫の開示性においてのみ自らを現わすに過ぎなくなる可能性をもって危険に陥れる。いかなる人間の行為といえども、直接かかる危険に対処することはできない。人間の行為のみが、単独でこの危険を払拭することはできない」[1]のである。しかし人間の思索というものは、すべての救いが危険に晒されるよりもはるかに高いものであり、しかも同時に救いと類似した本質をもつものであることを理解することができる。

そして、「危険の只中において救いに輝きを初めて与えることができるようなさらに始源的にもたらされた発露、この技術時代に自らを示すよりもむしろ隠蔽されたままでいるような発露はないものだろうか」と問われる。かつては、技術だけがテクネーという名辞を帯びていたわけではなく、真理を輝けるものの光のうちへ産み出す発露もテクネーと呼ばれていた。また、真実を美へと産み出すこともまたテクネーと呼ばれたように、芸術のポイエーシスもまたテクネーなのであった、というのがハイデガーの主張である。

「西欧の命運の始まりであるギリシアにおいて、芸術は、それにもたらされた発露の極みにまで上昇した。芸術は、神々の現前（Gegenwart）を送り出し（bringen）、神と人間の命運との対話を明るみへと送り出した。そして芸術だけがテクネーと呼ばれた。芸術は、唯一無二にして多様なる発露であった。芸術は、温順にしてプロモス（promos）、すなわち真理の支配と守護に従順であった」ことが述べられて、いかなる芸術も技巧に由来するものではないし、芸術作品も、審美的に楽しまれたのではなかったことが指摘される。芸術は、今日のように文化活動の一部門では決してなかったのである。

では、芸術とは何だったのか。「恐らくは短い期間ではあったが、その盛期にあって、芸術はなんだったのか。なぜ芸術は、テクネーという単純素朴な名辞を帯びていたのか。それは産み出しつつ露わに発くものであり、それゆえにこそポイエーシスのうちに属していたからである。遂には、すべての芸術、詩文（ポエジー）、詩的なるものを隅なく支配する発露が、ポイエーシスという名辞を固有名詞として帯びるに至った」（S.34）のだと述べられる。

追いかけるようにして「危険の只中において救いに輝きを初めて与えることができるようなさらに始源的にもたらされた発露、この技術時代に自らを示すよりもむしろ隠蔽されたままでいるような発露はないものだろうか」と問いが立てられて、再び古代ギリシアへと私たちは誘われたのだった。

「西欧の命運の始まりであるギリシアにおいて、芸術は、それにもたらされた発露の極みにまで上昇した。芸術は、神々の現前（Gegenwart）を送り出し（bringen）、神と人間の命運との対話を明るみへと送り出した。そして芸術だけがテクネーと呼ばれた」とハイデガーは言う。そしてさらに問う。「芸術とは何だったのか。恐らくは短い期間ではあったが、その盛期にあって、芸術はなんだったのか」と。「恐らくは短い期間ではあったが」とあるのは、ハイデガーは思索の「転回」以降、プラトン主義を西洋形而上学の生産的な基礎と見なすことをやめて、プラトン、アリストテレスから後の哲学を伝統の簒奪者と見なすようになり、ヘラクレイトス、パルメニデス、アナクシマンドロスといったソクラテス前派の哲学者たちが活躍した短い期間が哲学的に最も生産的であったとすることに呼応する。

再びヘルダーリンの詩が引かれて講演「技術への問い」がようやく結論を迎える。ヘルダーリンに続けてプラトンが引かれるが、「『パイドロス』のなかでト・エクパネスタトン（to ekphanestaton）と名づけた最も純粋に輝きでる光」とあるのは、「美は、もろもろの真実在とともにかの世界にあるとき、燦然とかがやいていたし、また、われわれがこの世界にやって来てからも、われわれは、美を、われわれの持っている最も鮮明な知覚を通じて、最も鮮明にかがやいている姿のままに、とらえることになった」（250D）[41]にある言葉である。

「私たちがこの言葉を聞いたかの詩人

「危険のあるところ、救いもまた育つ」

が、私たちに語りかけている。

「……この大地に人は詩的に住まう」

詩的なるものは、真なるものをプラトンが『パイドロス』のなかでト・エクパネスタトン(to ekphanestaton)と名づけた最も純粋に輝きでる光のうちに送り出す。詩的なるものは、あらゆる芸術すなわち存在するもののすべての発露に美として浸透している。果たして美的芸術は、詩的な発露のうちに召し出されうるものなのだろうか。果たして発露は、美的芸術により始源的に呼び求めてくるのだろうか。救いの育ちをその役割に相応しくあるがままに育み、もたらすものと信頼への眼差しを新たに目覚まし打ち立てるべく、呼び求めてくるのだろうか。

今日の究極の危険の只中にあって、芸術の本質の最高の可能性が、果たして芸術にもたらされるかどうか誰も知ることはできない。にもかかわらず、私たちは驚き見入る。なんの前でか。もう一つの可能性を前にしてである。すなわちいつの日か、技術の本質が、あらゆる技術的なるものを通じて、真理の出現のうちに存在しうる程に技術の狂奔がすっかり腰を落ち着ける可能性を前にしてである。

技術の本質はなんら技術的なことがらではない故に、技術についての本質的な思念も、また技術との決定的な対決も、一方では技術の本質と類似しながら、他方では根本的に異なる領域において生起しなければならない。

このような領域が、芸術なのである。しかし、それは芸術的思念が、私たちの「問う」真理の星座に対して自らを閉ざさない限りにおいてである。

このように問うことで私たちは、技術にすっかり没頭してしまって技術のうちの本質的存在者（技術の本質）を未だ経験せず、美学にすっかり捉われてしまって芸術のうちの本質的存在者をもはや護りえないという非常事態を確認する。とはいえ、私たちが技術の本質を問いつつ熟慮すればするほど、芸術の本質はますます秘密に満ちたものとなるのである。

私たちが危険に近づけば近づくほど、救いへ至る道はますます明るく輝き始め、私たちもますます問う者となる。なぜならば、問うことは思索の温順さ（プロモス）である

から。」（SS.35-36）

以上で、講演「技術への問い」は終了する。技術の本質と技術的なるものとの峻別から始められた問いは、技術の本質としてのゲシュテルを導き出し、ゲシュテルと存在（Sein）との本質的一致を見出した。存在は自らを隠蔽しながら存在者に対して存在の開示（非隠蔽）を求めるという後期ハイデガー特有の思索、それは既に見たようにエルアイグニスという語に結実しているのであるが、この「呼び求める促し」とゲシュテルとは同じ構成であることが了解されたのである。

それでは、技術の本質がもたらしているとされる現代文明の危機から、私たちはどうしたら抜け出すことができるのか。ハイデガーの思索は古代ギリシアにおける「テクネー」の再解釈、そして真理の支配と守護に随従した芸術の呼び出しへと向かってしまった。このハイデガーの問いと思索に対して、私たちはどのように立ち向かうべきなのか。

註

（1）瀧将之「ゲ・シュテル（Ge-stell）の訳語について」加藤尚武編『ハイデガーの技術論』理想社、二〇〇三年、一四五頁以下参照。
（2）Martin Heidegger, *Sein und Zeit*, 13. Aufl., Tübingen: Niemeyer, 1976, S. 1.（『存在と時間』原佑・渡辺二郎訳、「世界の名著62」中央公論社、一九七一年、六五頁。）
（3）『存在と時間』七〇頁。
（4）Karl Löwith, *Heidegger, Denker in dürftiger Zeit*, 2. Aufl., Göttingen, 1960.（『ハイデッガー――乏しき時代の思索者』杉田泰一・岡崎英輔訳、未来社、一九六八年、七頁。）
（5）同、八頁。
（6）「野の道」『思惟の経験から』創文社版ハイデッガー全集第一三巻、東専一郎、芝田豊彦、ハルトムート・ブフナー訳、一九九四年、一二三頁。
（7）Martin Heidegger, *The Question concerning Technology and Other Essays*, Translated and with an Introduction by William Lovitt, N. Y.: Harper & Row, 1977, pp.3-4.
（8）「有るといえるものへの観入（危機）」『ブレーメン講演とフライブルク講演』創文社版ハイデッガー全集第七九巻、森一郎、ハルトムート・ブフナー訳、二〇〇三年、七六頁。
（9）同、七六―七七頁。
（10）出隆『アリストテレス哲学入門』岩波書店、一九七二年、一六一―一六二頁。
（11）「有るといえるものへの観入（物）」『ブレーメン講演とフライブルク講演』一九頁。

(12)同、一八頁。
(13)出隆『アリストテレス哲学入門』一六四頁。
(14)『存在と時間』四三五頁
(15)同右。
(16)同、四三六頁。
(17)同、四五七頁。
(18)同、四六一頁。
(19)『思惟とは何の謂いか』創文社版ハイデッガー全集別巻3、四日谷敬子、ハルトムート・ブフナー訳、一九八六年、一九六頁。
(20)『存在と時間』三六六頁。
(21)出隆『アリストテレス哲学入門』四九頁。
(22)アリストテレス『ニコマコス倫理学』高田三郎訳、岩波文庫、上、二二二頁。
(23)「有るといえるものへの観入（総かり立て体制）」『ブレーメン講演とフライブルク講演』三六頁。
(24)轟孝夫「技術と国家――ハイデガー技術論の射程」、加藤尚武編『ハイデガーの技術論』七四頁以下。なお、ハイデガーとユンガーとの関係については「有の問へ」『道標』創文社版ハイデッガー全集第九巻、辻村公一、ハルトムート・ブフナー訳、四八三頁以下参照。
(25)「有るといえるものへの観入（総かり立て体制）」三七―三八頁。
(26)『ヘルダーリンの讃歌 ゲルマーニエンとライン』創文社版ハイデッガー全集第三九巻、木下康光、ハインリヒ・トレチアック訳、一九八六年。

(27) 創文社版ハイデッガー全集『ブレーメン講演とフライブルク講演』参照。
(28) 「有るといえるものへの観入（物）」八―一〇頁。
(29) マルティン・ハイデッガー『「ヒューマニズム」について』渡邊二郎訳、ちくま学芸文庫、二三頁。この書簡は前掲『道標』にも「『ヒューマニズム』に関する書簡」と題されて収録されている。
(30) 「有るといえるものへの観入（総かり立て体制）」四三頁。
(31) マルティン・ハイデッガー『同一性と差異性』大江精志郎訳、理想社、一九六〇年、二三頁。
(32) アリストテレス『形而上学』出隆訳、岩波文庫、上、二八頁。
(33) 『同一性と差異性』二五頁。
(34) 『哲学への寄与論稿』創文社版ハイデッガー全集第六五巻、大橋良介、秋富克哉、ハルトムート・ブフナー訳、二〇〇五年、一一頁。
(35) 『同一性と差異性』二五―二六頁。
(36) 『存在と時間』五九三頁。
(37) 「転向」『技術論』理想社版ハイデッガー選集XVIII、小島威彦、ルートヴィヒ・アルムブルスター訳、一九六五年、六四頁。
(38) *The Question concerning Technology and Other Essays*, p.24.
(39) ニーチェ「生に対する歴史の利害について」『反時代的考察』理想社版ニーチェ全集第4巻、小倉志祥訳、一九六四年、一一一頁。
(40) 「有るといえるものへの観入（転回）」九〇―九一頁。
(41) 「パイドロス」藤沢令夫訳『プラトン全集』第五巻、岩波書店、一九七四年、一九〇頁。

（A）「何世紀も前から哲学は、四つの原因のあることを教えてきた。(1)causa materialis〔質料因〕——材料、例えば、銀の深皿がそれで作られる原料。(2)causa formalis〔形相因〕——形、材料が取る姿形。(3)causa finalis〔目的因〕——目的、例えば、その形態や材料について定められている深皿を必要とする供犠の儀礼。(4)causa efficiens〔作用因〕——完成された現実の深皿という結果を引き起こした銀細工師。手段として表象された技術なるものがなんであるかは、私たちがインストゥルメント的なるものをこの四つの因果性に還元してゆくときに露わになってくる。

しかし、もし因果性が、なんであるかということ（was sie ist）を暗闇の中に隠しているとすれば、どうなるのか。確かに何世紀このかた、この四因説は天から降ってきた明々白々な真理であるかのように扱われてきた。しかし、なぜちょうど四つの原因があるのか、と問うべき時がきたようである。ここで言われている四つと関連して、「原因」とは一体どういう意味なのか。一体どこから、四原因の原因たる資格が、あたかも互いに連関し合うほど統一的に決定されているのか。これらの問いに取り組まない限り、因果性、それとともにインストゥルメント的なるもの、そしてまた容認されている技術の定義は曖昧で根拠ももたない。」（S. 7-8）

（B）「今日では私たちは、この責めを負うということを過失として道徳的に理解したり、あるいはある種の作用として説明しがちである。そのいずれの場合も、私たちは、後になって因果性と呼ばれているものの始原的な意味への道をみずから閉ざしているのである。この道がみずからを開かない限り、因果性に基づいているインストゥルメント的なるものがそもそもなんであるか、見極めることはできないであろう。

責めを負うということについて述べてきたような誤解を避けるために、責めを負う四つの在り方を、それがなにに責めを負っているかという観点から明らかにしよう。挙げてきた例に従えば、その四つは、銀皿が供犠用の器としてそこに用意されて置かれているということについて責めを負っている。そこに用意されて置かれていること（hypokeisthai）とは、現前するもの（Anwesendes）の現前を性格づけているのである。責めの四つの負い方とは、あるものを明るみ（Erscheinen）へともたらすことである。それらは、あるものを現‐前（An-wesen）に向かって導く。それらはそれをそこに解き放ち、かくしてそこすなわち完成された到来（Ankunft）へと誘う。責めを負うことの根本的な性格は、到来への誘い（An-lassen）である。このような誘いという意味において、責めを負うとは誘い出す（Ver-an-lassen）ということである。ギリシア人が責めを負うことすなわちアイティア（aitia）のなかに経験したことがらを見据えながら、私たちは今、この「誘い出す」という語により包括的な意味を与え、この語をギリシア人の考えた因果性の本質としよう。それに反して、「誘因」（Veranlassung）という語の慣用的でより狭い意味では衝撃とか喚起といった程度しか言わず、因果性全体における一種の副次的原因を意味しているだけである。」（S.10）

（C）「ところで、この「誘い出す」という四つの在り方の協働は、どこで行なわれるのか。それらは、未だ現前していないもの（nicht Anwesende）を現前（Anwesen）へと到来させる。従ってそれらは、現前するもの（das Anwesende）を明るみ（Vorschein）に持ち来たらすところの持ち来たらし（Bringen）によって、統一的に統べられているのである。この持ち来たらしがなんであるかを、プラトンは『饗宴』の一節（205b）でこう言っている。

he gar toi ek tou me ontos eis to on ionti hotoun aitia pasa esti poiesis.

（現前していないものから現前するものへ移行し進み出る（über- und vorgehen）ために誘い出すことはすべて、ポイエーシスであり、産み出すこと（Her-vor-bringen）である。）」（SS. 10-11）

（D）「テクネーという語に関して熟慮すべきもう一つのことは、一層重要なことである。テクネーという語は、往古よりプラトンの時代に至るまで、エピステーメー（episteme）という語と連携している。この二つの語は、最も広い意味で認識（Erkennen）を指す名辞である。それは、あることに通暁していること、なにかを熟知していることを意味する。認識とは、解明・解説（Aufschluss）である。解明するものとして、それは発露である。アリストテレスは、特に重要な考察において（Eth. Nic. VI, c. 3 und 4）、エピステーメーとテクネーとを区別して、なにを如何に発露するかについて区別している。テクネーは、アレーテウエイン（aletheuein）（露わに発く）の一つの在り方である。それは、自身では産み出さず未だ現前しないもの、さまざまな見え方をとって結果するであろうものを、露わに発くものである。家や船を建造したり、祭儀の皿を鋳造したりする人は、誘い出しの四つの在り方に従って、産出すべきものを露わに発くのである。この発露ということは、船や家の見え方と材料とを、完成されたものとして心に描かれた仕上げのものに向けて、あらかじめ呼び集めることである。このようにテクネーにおいて決定的なことは、製作や操作のうちにあるのでもなければ、手段の使用のうちにあるのでもなく、先述の発露のうちにあるのである。製作することではなく、まさに発露として、テクネーは産み出す。

このようにテクネーという語がなにを意味し、ギリシア人たちがどのように定義しているのかという示唆は、インストゥルメント的なるもの自体が本当はなにかという問いを追究しているときに明らかになったのと同じ連関へと私たちを導く。

技術は露わに発くことの一つの在り方である。技術は、発露（Entbergen）と非隠蔽性（Unverbogenheit）が生起する領域、すなわちアレーテイア、真理（Wahrheit）が生起する領域のうちに存在している（wesen）のである。」（SS.12-13）

（E）「技術の本質領域のこのような規定に反対して、人は異議を申し立てるであろう。すなわち、それはギリシア人の思索には当てはまるだろうし、また職人的技術にも上手く適用できるかも知れないが、近代の動力機械技術については適切ではないと。しかし、この動力機械技術こそが、この技術こそが、技術についての問いへと私たちを駆り立て、不安に陥れているものなのである。人は言う、近代技術は近代の精密な自然科学に基づくがゆえに、それに先立ついかなる技術とも比較を絶して異なるものであると。一方、逆も真なりということが理解されるようになった。すなわち、近代の物理学は、実験物理学として技術的装置や装置製作における進歩に依存しているのである。技術と物理学との相互関係の確立は正しい。しかしそれは、そうした事実についての歴史記述を確かなものにしただけであって、この相互関係の根拠がどこにあるかについてはなにも語っていない。それどころか、決定的な問いが取り残されているのである。つまり、近代技術が精密な自然科学の使用を思い付くに至ったのは、どのような本質に依るのだろうか。

近代技術とはなんであろうか。それは発露である。この主要な特徴に私たちの注意を向けるとき、初めて近代技術における新しさが姿を見せてくるのである。」（SS.13-14）

（F）「水力発電所がライン河の流れの中に仕立てられ（gestellen）ている。それは、水圧を提供するように仕立てられ、水圧はタービンを回転させるように仕立てられ、回転が機械を駆り立て、駆動装置が電力を造り（herstellen）、そのために広域電力供給発電所と送電網が仕立てられている。このように絡み合った電力エネルギーの仕立て（Bestellung）の過程の領域に、またライン の流れさえも仕立てられたものとして現れている。この水力発電所は、数百年来、河岸と河岸と を結んできた古い木橋のようにライン河の流れの中に建設されたものではない。むしろ、河の流れが発電所によって塞がれているのである。すなわち、河の流れが水圧供給者であることは、発電所の本質によるのである。私たちは、ここを支配している無気味なるものを朧気ながらも計り知るために、二つのタイトルで表現されている対照に、しばし心を留めてみよう。つまり、発電所（Kraftwerk）で塞がれている「ライン河」と、ヘルダーリンの同名の讃歌である芸術作品（Kunstwerk）で語られている「ライン河」とに。しかし、ライン河は景観に過ぎないと言って人は反論するだろう。恐らくはそうであろうが、しかし如何にしてそうなのか。それは、余暇産業がそこに仕立てた（bestellen）ツアー客のための観光用の対象物以外の何ものでもないのである。」（SS.15-16）

（G）「しかし、滑走路に立つ航空機はやはり対象ではないのか。その通り。私たちはその航空機を、それなりに対象として表象することはできる。しかしそのとき、航空機がなんであり如何にあるかということは隠されている。航空機は、輸送の可能性を確保するように仕立てられた限りにおいて、ただ在庫としてのみ露わにされて滑走路上に立っているのである。そのためには、航空機がすべての構造と構成部品において、仕立てに応じうる、すなわち、いつでも離陸できるよう待機していなければならない。（ここで、自律的な道具というヘーゲルによる機械の定義を論じるのが適切であろう。手工芸の道具として見れば、彼の特徴づけは正しい。しかし、このように特徴づけられると、機械は、それが属しているところの技術の本質から考えられたものではなくなる。機械は、仕立て可能なものを仕立てることによってのみ自分の立場を持ちうるのだから、在庫という観点からすれば機械はまったく非自律的なものである。)」(SS.16-17)

(H)「ゲシュテルとは、在庫として仕立てる在り方において現実を露わにするために、人間を立たせる、すなわち、挑発するという立たせの呼び集めを意味する。ゲシュテルは、近代技術の本質において君臨している露わに発くことの在り方を意味しているが、それ自身なんら技術的なものではない。これに反して、私たちが組立部品として馴染んでいる制御棒とかピストンとかシャーシといったもののすべては、技術的なるものに属している。しかし組立そのものも、右の諸部品とともに技術的行為の枠内に留まるもので、この行為は常にもっぱらゲシュテルの挑発に対応するだけで、このゲシュテルを構成するものでもなければ、それを惹き起こすものでもない。」(S.20)

(I)「近代技術の本質はゲシュテルにある。ゲシュテルは発露の命運のうちに属している。この命題は、よく聞かれる、技術はわれわれの時代の宿命(das Schicksal)であるという言説とは、別のことを言っているのであって、宿命とは、もはや変えがたい成り行きの不可避性を意味しているのである。

ところが、技術の本質について熟考するとき、私たちは発露の命運としてゲシュテルを経験する。このようにして私たちは、すでに命運の自由な開けに逗留するのであって、もはや命運は技術をむやみやたらに追い廻したり、同じことだが、徒らに技術に反抗して悪魔の仕業であるかのように断罪したりする、鈍重な抑圧のうちに監禁されることはない。まったく逆で、技術の本質(Wesen)に従って自らを開くとき、自由に解き放つ呼び求めに出会っていることに思わず気付くのである。

技術の本質はゲシュテルにある。ゲシュテルの支配は命運に従属している。命運はいつでも人間を露わな発きの途上に就かせるのであるから、従って、人間はその途上において、仕立て(Bestellen)のうちで露わに発かれたもの(Entborgene)だけを追求し促進し、そこからすべての規準を受け取るべき可能性の瀬戸際を、いつも歩み続けているのである。そのために、他の可能性が閉ざされてしまっている。その可能性とは、発露に帰属していることが人間の本質であることを経験するために、開示(非隠蔽)されたものと非隠蔽性とにいよいよますます、常により始源的に関わることである。

この二つの可能性の間にあって、人間は命運から危険に晒されている。露わな発きの命運はいかなる在り方においても、従ってまた必然的に「危険」(Gefahr)なのである。」(SS.25-26)

(J)「私たちが「世帯」(Hauswesen)とか「国家体制」(Staatswesen)とか語るとき、私たちは類的普遍者ではなく、家や国家がいかに支配し、統治し、発展し衰微するかという在り方を意味している。それは家や国家が、いかに存在する(wesen)かという在り方なのである。J・P・ヘーベルは、ゲーテが特に愛好した詩「カンデレ街の幽霊」で、「Weserei」という昔の語を使っている。これは、共同生活がそこで営まれて村落が活動し続けて、すなわち存在している(wesen)限りにおいて市役所を意味している。この「存在する」(wesen)という動詞から、初めて名詞形の「本質」(Wesen)が派生した。この「本質」は、動詞的に解すれば、「存続する」(waehren)と同じである。それは意味からだけではなく、また語の音声的な形式においても同一のものである。既にソクラテスもプラトンも、なにものかの本質を存続するもの(das Währende)という意味で存在するもの（das Wesende）として思索している。ところが、彼らは存続するものを永続するもの（das Fortwährende, aei on）として思索したのである。しかも彼らはその永続するものを、生起するもののすべてに粘り強くずっと在るもの（das Bleibende）として見出している。そして彼らは、この在るものを外観（Aussehen, eidos, idea）、例えば「家」というイデーのうちに発見した。

家というイデーが示すものは、それぞれが家に属しているものである。それに反して、個々の現実的ならびに可能的なもろもろの家は、「イデー」の絶え間なき転変であり、存続せざるもの（Nichtwährende）に属している。

しかし存続するものといえば、プラトンがイデア（idea）として、アリストテレスがト・ティ・エーン・エーナイ（to ti en einai　かつてもあり今もあるところのそれぞれのもの）として、すなわち形而上学が本質（essentia）として実にさまざまな解釈をしながら思索しているものにのみ限られるべきだということは、どうしても裏付けられない。

存在しているもの（das Wesende）のすべては、存続している。しかし、存在しているものは、ただ永続するものだけであろうか。技術の本質（Wesen）は、あらゆる技術的なものにつきまとう一つのイデーの永続という意味で、存続しているのだろうか。もしそうなら、「技術」という名辞は神秘的な抽象概念でもあるかのような見せかけが成り立つことになる。技術がいかに存在している（wesen）かは、もっぱらゲシュテルが発露の一命運として生起するところである永続によってのみ見極められる。ゲーテはかつて fortwähren（永続する）の代わりに、謎めいた語である fortgewähren（永遠にもたらす）を使っている（親和力、第二部第一〇章、『隣りあった不思議な子供たち』の物語のうちで）。ゲーテの耳はここで、währen（存続する）と gewähren（もたらす）とを、発話以前の段階で同じものとして聴いているのである。ここで私たちは、本来的に存続し、恐らく唯一存続しているものがなんであるかについて、これまでよりもさらに思索を深めるならば、次のように言うことが許されるだろう。「もたらされたものだけが存続する。始源的にもっとも早くから存続しているものが、もたらすものである。」」（SS.30-31）

（K）「しかし、インストゥルメント的なものがどのようにして因果性の一種として存在しているか問うならば、私たちは技術のうちの本質的存在者（技術の本質）を、発露の命運として経験するのである。

本質のうちに存在しているもの（das Wesende des Wesens）が、発露への人間の参加を必要としているもたらすものの中で現れ起こることを私たちが遂に熟慮するに至って、以下のことが明らかとなる。

技術の本質（das Wesen der Technik）は、ある高い意味において二義的である。そのような曖昧さこそが、すべての露わな発きすなわち真理の秘密を指示しているのである。

一方でゲシュテルは、露わな発きの出現に対する視線をことごとく塞ぎ立てる仕立ての狂乱の中へ挑発し、真理の本質への連関を根本から危険に陥れる。

他方でゲシュテルは、人間を存続せしめているもたらすもののうちに現れるのであるが、そこで人間は、これまでは未経験であっても恐らく将来には経験済みになっているであろう、真理の本質の保護のために使役されるものである。このようにして、救いの到来が出現するのである。

仕立ての抗し難さと救いの抑制された態度は、星辰の運行における二つの星の軌道のように互いに擦れちがって通過する。しかし、この擦れちがいには、両者の近さが隠されている。

私たちがこの二義的な技術の本質を注視するとき、そこに秘められたものの星の運行、星座を見届けるのである。

技術への問いは、発露と隠蔽、真理の本質的存在者が生起する（ereignen）星座への問いである。しかし、真理の星座を注視することがなんの助けになるのだろうか。私たちは、危険を注視することで、救いの育ちを見るのである。

私たちはまだ、そのことによって救われてはいない。しかし私たちは、その救いの育ちつつある明かるみの中で期待するように呼び求められている。それは、どのように生起するのだろうか。今ここで、少しずつではあるが、私たちが救いを育くむことである。だが、それは同時に、究極の危険に対して私たちのまなざしを常に堅持すべきことを伴っている。」（SS. 32-33）

（L）「技術のうちの本質的存在者（技術の本質）（das Wesende der Technik）は、発露（Entbergen）を危険に陥れ、もはや発露のすべてが仕立てのうちに吸収され、すべてが在庫の開示性においてのみ自らを現わすに過ぎなくなる可能性をもって危険に陥れる。いかなる人間の行為といえども、直接かかる危険に対処することはできない。人間の行為のみが、単独でこの危険を払拭することはできない。しかし人間の思念は、すべての救いが危険に晒されたものよりもより高いものであり、しかも同時に救いと類似の本質をもったものであることを思索できるのである。

それでは、危険の只中において救いに輝きを初めて与えることができるようなさらに始源的にもたらされた発露、この技術時代に自らを示すよりもむしろ隠蔽されたままでいるような発露はないものだろうか。

かつては、技術だけがテクネーという名辞を帯びていたのではなかった。かつて、真理を輝けるものの光のうちへ産み出す発露もテクネーと呼ばれていた。

かつては、真実を美へと産み出すこともまたテクネーと呼ばれた。芸術のポイエーシスもまたテクネーと呼ばれたのである。

西欧の命運の始まりであるギリシアにおいて、芸術は、それにもたらされた発露の極みにまで上昇した。芸術は、神々の現前（Gegenwart）を送り出し（bringen）、神と人間の命運との対話を明るみへと送り出した。そして芸術だけがテクネーと呼ばれた。芸術は、唯一無二にして多様なる発露であった。芸術は、温順にしてプロモス（promos）、すなわち真理の支配と守護に従順であった。

いかなる芸術も技巧に由来するものではない。芸術作品は、審美的に楽しまれたのではなかった。芸術は、文化活動の一部門では決してなかった。

では、芸術とは何だったのか。恐らくは短い期間ではあったが、その盛期にあって、芸術はなんだったのか。なぜ芸術は、テクネーという単純素朴な名辞を帯びていたのか。それは産み出しつつ露わに発くものであり、それゆえにこそポイエーシスのうちに属していたからである。遂には、すべての芸術、詩文（ポエジー）、詩的なるものを隅なく支配する発露が、ポイエーシスという名辞を固有名詞として帯びるに至ったのである。」（S.34）

おわりに

情報社会論あるいはメディア論というジャンルに興味をもつようになって二〇年余りが経過した。メディア論といっても私が関心をもったのはいわゆるマスメディア論ではなく、本書で取り上げたマーシャル・マクルーハンが取り組んだメディア論であって、人類史全体を視野に収めたものであった。人類史全体といっても私がとくに興味を引かれたのは『グーテンベルクの銀河系――活字人間の形成』で中心的に分析されたヨハンネス・グーテンベルクによる活版印刷技術の完成であった。それまでの印刷史では、金属活字の製法、手引き印刷機の構造、印刷に用いられるインクや紙などについての技術的言及が中心であり、また社会史的考察では、印刷された書籍の購入者や印刷術普及の歴史的同定などが考察され、書誌学の分野では、後にインキュナブラと総称される初期の印刷本のタイトルや出版者の確定などに努力が向けられていた。

しかし、マクルーハンはそのような研究を背景にしながらも、印刷された書籍を受容した人間の側の感覚的・意識的変化、ひいては社会の変容に注目したのだった。歴史的文脈における印刷メディアの役割、それは人間による言語使用の問題へとつながり、言語使用の変化は社会編制に影響を及ぼし、社会や国家のありかたを変えていく。このようなマクルーハンの広大なパースペクティヴに惹かれながら、情報通信技術の進展と普及によって一九九〇年代から顕著になった社会変化――それを私は「情報社会変容」と名づけている――を観察するようになったのだった。

一方、本書のもう一人の主役であるマルティン・ハイデガーであるが、哲学科の学生時代に非常勤講師として出講されていた故・斎藤信治氏から『存在と時間』の手ほどきを二年間にわたって受けて以来、難解ではあるものの馴染み深い哲学者として身近に感じていた。その後、ポスト構造主義やディコンストラクションに接した際にも、その源泉としてのハイデガーの存在を忘れることはできなかった。周知のように一九八〇年代後半になるとハイデガーとファシズムとの関係が再び蒸し返されて大騒ぎとなったが、ナチ党員ハイデガーには距離を感じながらも、彼の思索から目を離すことはできないまま今日に至っている。

しかし大学での講義の一環としてハイデガーに言及することはあっても、ハイデガー研究を専門としているわけではないので、なにかまとまったものを残してみようという気持ちはなかったのであるが、本書の「はじめに」で触れた加藤尚武氏の『ハイデガーの技術論』に接してから気持ちが動いた。これまでヒューバート・ドレイファスの論文や著書などから、英語圏におけるハイデガー技術論への関心の高さは知ってはいたが、ただ読み過ごすだけで、それらに本格的に取り組んでみるということはなかった。しかし、加藤氏の著作を契機にして少しずつハイデガー技術論に歩が進み始めたのだった。

内外の関連論文や著作にある程度まで眼を通してから、ハイデガーの原文に辿り着いたのが一昨年（二〇〇七年）の夏であった。学生時代に『存在と時間』の原書をかじって以来のこととあって苦労の日々であったが、どうにか読了してメモなどができたのが一昨年末。それから本書第Ⅱ部「ハイデガー「技術への問い」を読む」を書き進めながら、平行して第Ⅰ部「ハイデガーとマクルーハン」も準備しはじめ、草稿ができあがったのは昨夏であった。そして今、ようやく「おわりに」という文章が書ける段階に至ったのである。小著であり舌足らずなところも多いが、ある意味でハイデガーに初めて触れてからの長い歳月と、マクルーハンを手引きとして情報社会論に関与してきた二〇年ばかりの日々との取り敢えずの総括として本書を位置づけておきたい。

出版に際しては、せりか書房の船橋純一郎氏のお世話になることになった。船橋氏に労を執っていただくのは、大学に職を転じてしばらくしての出版であるデイヴィッド・ライアン『ポストモダニティ』の訳書（一九九六年）以来のことである。しかし、同氏との交友は遠く私の編集者時代にまで遡り、本当に長期にわたって親交を結んでいただいたことに感謝するとともに、本書の出版についても厚く御礼申し上げたい。

合庭惇

二〇〇九年二月

著者紹介

合庭 惇（あいば あつし）

1943年生まれ。東京大学文学部哲学科卒。国際日本文化研究センター名誉教授。情報社会論専攻。

著書：『デジタル羊の夢：マルチメディアとポストモダン』（河出書房新社、1994年）、『デジタル知識社会の構図：電子出版・電子図書館・情報社会』（産業図書、1999年）、『情報社会変容：グーテンベルク銀河系の終焉』（産業図書、2003年）。

共編著：『印刷博物誌』（凸版印刷、2001年）、『宗教を知る　人間を知る』（講談社、2002年）、『パソコン・IT事典』（成美堂書店、2002年）。

訳書：デイヴィッド・ライアン『ポストモダニティ』（せりか書房、1996年）、フレドリック・ジェイムスン『カルチュラル・ターン』（共訳、作品社、2006年）。

ハイデガーとマクルーハン——技術とメディアへの問い

2009 年 10 月 21 日　第 1 刷発行

著　者　合庭 惇

発行者　船橋純一郎

発行所　株式会社せりか書房

東京都千代田区猿楽町 1-3-11　大津ビル 1F

電話 03-3291-4676　振替 00150-6-143601

http://www.serica.co.jp

印　刷　信毎書籍印刷株式会社

装　幀　加島 卓

©2009 Printed in Japan

ISBN978-4-7967-0292-8